생성형 AI 투닝,
수업의 터닝 포인트가 되다

초판 발행 2024년 7월 20일

지은이 툰스퀘어, 에듀테크교사연구회

펴낸곳 툰스퀘어   **출판등록** 2024년 6월 5일 제 2024-000100호
주소 서울특별시 서초구 매헌로8길 39
전화 050-7458-2020   **이메일** support@tooning.io
홈페이지 www.tooning.io   **블로그** blog.naver.com/tooning_io

ISBN 979-11-988041-0-5(13000)

가격 18,000원

생성형 AI 투닝, 수업의 터닝포인트가 되다

vol.1 초등편 / 중등편

투닝, 에듀테크교사연구회지음

TOONSQUARE
Stories Change the World

"주도적으로 문제를 해결하는 힘!
생성형 AI와 함께 상상을 표현하는 수업"

생성형 AI 투닝의 사용법부터 수업 활용 사례까지
에듀테크의 시작부터 실전까지 다양한 노하우를 담았다!

빠르게 변화하는 시대에 맞춰 교육도 변화하고 있습니다.
일상 속에 스며든 AI, 그 중 생성형 AI에 대한 교육이 확산되는 오늘날,
우리 아이들은 생성형 AI와 함께 직면한 문제들을 주도적으로 해결하고,
자신의 생각을 표현하는 역량을 길러야 합니다.

투닝은 해당 책을 통해 생성형 AI 투닝이 가진 교육적 가치를 공유하고,
우리 학생들의 희망찬 미래와, 끊임없이 AI 교육을 연구하는 교사들의 미래 교육을 지원하고자 합니다.

투닝은 학교 맞춤형 서비스로, 클릭만으로 학생들이 본인의 상상을 표현하고
스스로 문제에 대한 답을 탐색할 수 있도록 합니다.
이렇게 생산한 콘텐츠는 투닝 보드에 바로 공유하여 서로의 생각을 공유하고 의견을 나눌 수 있습니다.

<생성형 AI 투닝, 수업의 터닝 포인트가 되다 vol.1 초등편 / 중등편> 은
투닝의 기본 사용법부터 활용법까지 더 안전하고 효과적으로 적용할 수 있도록 가이드를 제시합니다.

<생성형 AI 투닝, 수업의 터닝 포인트가 되다 vol.1 초등편 / 중등편> 에는
다음과 같은 내용들이 담겨있습니다.
첫째, 투닝에 대한 소개
둘째, 투닝 시작하기
셋째, 투닝의 네 가지 서비스(투닝 에디터, 투닝 GPT, 투닝 매직, 투닝 보드)에 대한 사용법
넷째, 학년&과목별 실제 교육 시장에서의 활용 사례 및 노하우

<생성형 AI 투닝, 수업의 터닝 포인트가 되다 vol.1 초등편 / 중등편>은
생성형 AI에 대한 더 안전한 교육을 희망하는 분께 든든한 이정표가 되어줄 것입니다.

집필진 소개

김유리 선생님

초등학교 교사

에듀테크 교사 연구회 부대표
교육부 교실혁명 선도교사
대구시교육청 초등 사회과 수업연구교사

이소영 선생님

초등학교 교사

에듀테크 교사 연구회 대외협력팀
서울시교육청 AI·에듀테크 선도교사
교육부 교실혁명 선도교사

이재영 선생님

초등학교 교사

에듀테크 교사 연구회 대외협력팀장
교육부 교실혁명 선도교사
서울시교육청 AI 에듀테크 선도교사

임우균 선생님

초등학교 교사

에듀테크 교사 연구회 콘텐츠제작팀
전라남도교육청 에듀테크 활용 교사 지원단
교육부 교실혁명 선도교사

박채린 선생님

고등학교 국어 교사

에듀테크 교사 연구회 콘텐츠제작팀장
교육부 교실혁명 선도교사

김동은 선생님

중학교 역사 교사

에듀테크 교사 연구회 대표
(사)교사성장학교 에듀테크팀장
서울시교육청 AI·에듀테크 선도교사

오도윤 선생님

중학교 역사 교사

에듀테크 교사 연구회 연수강연팀
교육부 교실혁명 선도교사

정문식 선생님

중학교 과학 교사

에듀테크 교사 연구회 연수강연팀장
교육부 교실혁명 선도교사

김미라 선생님

중학교 음악 교사

에듀테크 교사 연구회 대외협력팀
서울시 교육청 AI 에듀테크 선도교사
교육부 교실혁명 선도교사

박수빈 선생님

중학교 사회 교사

에듀테크 교사 연구회 성과공유팀장
서울시교육청 AI·에듀테크 선도교사
교육부 교실혁명 선도교사

김하연 선생님

고등학교 역사 교사

에듀테크 교사 연구회 성과공유팀
기후위기비상행동실천단

목차 Contents

Part 1

01 생성형 AI 교육과 투닝

02 투닝, 한번에 훑어보기

Part 2

07   초등 활용 사례

08   중등 활용 사례

Part 1

Part 1 에서는 생성형 AI의 중요성과 투닝의 특징을 소개합니다. 투닝 서비스의 다양한 AI 기능과 구성을 개괄적으로 설명하여, 독자가 서비스를 전반적으로 이해할 수 있게 안내합니다. 투닝 GPT, 투닝 매직, 투닝 에디터, 투닝 보드 등 핵심 기능들의 기본적인 구성과 특징을 탐색합니다.

01 생성형 AI 교육과 투닝

▌생성형 AI, 왜 중요한가요?

'비판적 사고 · 문제 해결력 · 창의성 · 의사소통 · 협력' 등은 AI와 함께 자라나는 학생들이 함양해야 하는 과제입니다. AI의 발전은 교육 분야에서도 큰 영향을 미쳤습니다. 현행 교육과정에서는 미래의 급변할 일자리를 위해 진로역량과 관련 과목 신설 등의 활용을 준비하고 있습니다. 그 중 생성형 AI의 중요성이 강조되고 있으며, 이에 대해학생들이 AI 윤리 교육을 바탕으로 능동적으로 생성형 AI를 활용하며 문제를 해결하도록 지도하는 교사의 역할이 중요합니다. 2025 개정교육과정에 맞춰 생성형 AI 활용에 대한 교육 대비가 필요합니다. 아래는 학교급별 생성형 AI 활용 지침이며, 학교에서는 가정통신문을 사전에 발송하여, 법정 대리인 동의 후 진행하고 계십니다.

구분	초등학교	중학교	고등학교
수업 활용 가이드	▶ **교사 주도**로 교육적 의도에 따라 활용 ▶ **교사 시연 중심** ▶ 학생 체험이 가능한 경우 - 해당 연령에서 사용가능한 서비스인 경우 - 또는, 교사의 추가 작업을 통해 생성형 AI 산출물의 안정성을 확보할 수 있는 경우	▶ **교사의 지도**하에 학생 직접 활용 ▶ 약관에 따른 사용 제한 연령에 해당하는 경우, 초등학교용 가이드 적용 ▶ 서비스 약관 및 개인정보 보호법에 따라 부모나 법적 보호자의 동의가 필요한 경우 가정통신문 등을 활용 하여 보호자 동의 후 사용	▶ **교사의 지도**하에 학생 직접 활용 ▶ 프로젝트 등의 보조 교사로 활용 ▶ 서비스 약관 및 개인정보 보호법에 따라 부모나 법적 보호자의 동의가 필요한 경우 가정통신문 등을 활용 하여 보호자 동의 후 사용
	(공통) 수업 및 교육활동에서 활용할 경우 사전에 **생성형 AI 원리와 한계점,** **AI의 윤리적 사용에 대한 학생 교육 실시 (필수)**		
	(공통) 생성형 AI 서비스 사용 시 약관을 통해 **사용 가능 연령 확인 (필수)**		

* 출처 : (2023) 서울특별시교육청 : 학교급별 생성형 AI 활용 지침 - 서울특별시
  위 사항은 AI 발전, 교육적 효과에 대한 연구 축적, 이용약관 변경 등을 통해 업데이트될 수 있습니다.

투닝은 어떤 서비스인가요?

투닝(Tooning)은 2017년 삼성전자 사내벤처 프로그램 C-LAB으로 시작하여 공식 출범한 (주) 툰스퀘어에서 개발한 웹 브라우저 기반의 소프트웨어(SaaS)입니다. 생성형 AI '투닝(Tooning)'은 학생들이 쉽고 빠르게 자신의 이야기를 만들어 소통하고, AI 크리에이터로서의 역량을 키울 수 있도록 돕고 있습니다.

1) 투닝 GPT : 다양한 위인, 직업군의 화자와 대화

2) 투닝 매직 : 프롬프트(명령어)와 화풍을 선택해 원하는 이미지 생성

3) 투닝 에디터 : 말풍선, 요소, 캐릭터 등을 활용해 웹툰 제작

4) 투닝 보드 : 작품을 관리하고 공유하며 소통

투닝은 1%의 창작자들이 경험하는 창작의 기쁨을 99%의 사람들도 누릴 수 있도록 지원합니다.

툰스퀘어에서 운영중인 서비스 투닝(Tooning)

┃ 투닝은 어떤 장점이 있나요?

투닝(Tooning) 을 통해 학생과 교사는 생성형 AI를 활용하여 콘텐츠를 기획 및 제작하고 함께 소통할 수 있습니다. 서비스에 대한 자세한 내용은 이후 <02. 투닝 한번에 훑어보기>에서 다루겠습니다.

첫 번째, 교육 시장에 최적화된 서비스

투닝 GPT, 투닝 매직, 투닝 에디터, 투닝 보드 등으로 교사는 교안을 제작하고, 학생은 창의 융합형 AI 수업이 가능합니다. 각각의 서비스는 서로 결과물을 주고받을 수 있어 콘텐츠 제작부터 공유까지 한 번에 사용할 수 있습니다. 또한, 투닝 홈페이지 > 요금제 > 교육 요금제 > 견적 확인하기를 눌러 인원과 사용 기간에 따른 할인율과 최종 금액을 실시간으로 확인하며 예산에 맞는 견적을 확인하고, 결제 진행 요청하기 버튼을 눌러 견적부터 결제까지 한 번에 진행이 가능합니다.

투닝에서 운영 중인 서비스

투닝 학교 요금제 확인 화면

두 번째, 생성형 AI를 가장 안전하게 경험할 수 있는 서비스

학생들에게 부정적인 영향을 미칠 수 있는 선정적, 혐오, 욕설 등 프롬프트(명령어) 입력 및 결과물 생성 제한 기능을 통해 학생들은 부정적인 프롬프트에 대해 학습하고, 안전하지 않은 결과물로부터 보호받습니다. 또한, 투닝 GPT 내 학생 모니터링 기능으로 교사는 학생의 프롬프트(명령어)와 답변을 파악하고 윤리적이고 안전하게 활용할 수 있습니다. 학생 개개인별 학습 과정을 파악한 맞춤형 방안 제공 및 보완, 즉각적인 피드백으로 수업 과정에 맞춘 올바른 프롬프트(명령어) 안내, 능동적인 학습 환경 조성 등을 통해 학생의 사고력과 문제 해결 능력 향상을 위한 수업 운영이 가능합니다.

투닝 GPT 내 모니터링 기능

투닝 매직 내 프롬프트 필터링 기능

세 번째, 교사라면 누구나, 투닝 유료 계정을 평생 무료로 제공

투닝은 올바른 생성형 AI 교육을 위해 노력하는 교사분들을 지원하고자, 유료 계정을 평생 무료로 제공해 드리고 있습니다. (신청 가능 일정은 홈페이지에 별도 공지될 수 있습니다). 교사로 등록될 경우 무료 계정이 갖는 기능적, 횟수적 제약으로부터 자유로워지고, 수업에 활용할 수 있는 범위가 늘어납니다. 교사 계정은 투닝 홈페이지 > 요금제 > 교육 요금제 > 선생님 인증받기를 통해 신청이 가능하며, 간단한 정보 및 교사 인증 문서 업로드를 통해 쉽게 교사 인증이 가능합니다. 단, 공공 교육기관이 아닌 비영리단체, 사교육기관에서는 선생님 계정 신청이 불가합니다.

투닝 선생님 계정 신청 화면

┃ 투닝은 어떤 활동을 했나요?

투닝은 누구나 생성형 AI를 쉽고 올바른 방법으로 활용할 수 있도록 다양한 방면에서 힘쓰고 있습니다. 서울디지털재단, 과학기술부 등과 협업하여 생성형 AI를 활용한 공모전을 개최함으로써 생성형 AI를 올바르게 활용하여 작품을 만들 수 있도록 하였고, 학생들이 AI 크리에이터로서의 기회를 받을 수 있도록 하였습니다. 또한 투닝 웨비나, 에듀테크 실증 등을 바탕으로 현장의 목소리를 취합해 실제 교육 시장에서 필요로 하는 기능 및 어려움을 파악하여 기능 고도화를 진행하였습니다.

이러한 가치가 전 세계적으로 확장될 수 있도록 아마존 컨퍼런스 참가, 세계 최대 IT 전시 CES 등 세계적인 무대에 기술을 소개하고 대한민국 생성형 AI 기업으로서의 입지를 구축하고 있습니다.

제1회 생성형 AI 투닝 웨비나 개최 (24.04)

제2회 생성형 AI 투닝 웨비나 개최 (24.05)

AI 웹툰 창작 그리기 대회, 수상자는 장관상 수여 (23.07)

아마존과 협업하여 글로벌 무대에서 '이미지 생성AI 자동화 방법론' 강연 (24.02)

CES 2024 유레카존 내 툰스퀘어(투닝) 부스 (24.01)

❙ 투닝 수업 시 유의 사항

첫 번째, 회원가입 시 연령별 가입 방식 확인

현재 투닝은 만 14세 미만의 경우, 법정 대리인의 동의가 필요합니다. 현재 투닝을 사용 중인 학교에서는 가정통신문을 사전에 발송하여, 법정 대리인 동의 후 진행하고 계십니다.

두 번째, 생성형 AI 활용 가능 여부

학교급별 생성형 AI 활용 지침에 따라 초등학생은 교사 시연 중심, 중·고등학생은 교사 시연 + 실습이 가능합니다. 해당 내용은 학교가 속한 교육청 및 지침에 따라 변동될 수 있으며 자세한 내용은 <1. 생성형 AI 교육과 투닝 : 1) 생성형 AI, 왜 중요한가요?> 부분을 참고 부탁드립니다.

세 번째, 생성형 AI 수업 전 생성형 AI 윤리 교육 진행 필수

안전하고 건강한 생성형 AI 수업을 위해, 반드시 사전 윤리 교육이 진행되어야 합니다. 개인정보 보호 및 존중, 생성형 AI 사용 사실 명시, 올바른 프롬프트(명령어) 사용, 깨끗하고 안전한 디지털 문화 형성, 결과물에 대한 사실 여부 검증 등에 대한 내용을 충분히 교육한 이후에 생성형 AI 수업이 진행되어야 합니다.

투닝으로 제작한 생성형 AI 윤리교육 자료

▎투닝, 자주 묻는 질문

첫 번째, 투닝을 활용한 공모전 및 대회 출품

투닝은 사용자에게 저작권이 아닌 저작 사용권만을 제공합니다. 따라서 투닝으로 제작한 작업물에 대해 출품작에 대한 지적재산권 및 저작권을 요구하는 공모전 및 대회 출품은 불가능합니다. 비영리적 공모전 및 대회에는 모든 요금제 회원이 출품이 가능하며, 유료 계정(학교/개인/기업)을 이용하시는 경우, 구독 중에는 영리적 공모전 출품이 가능합니다.

두 번째, 유료 구독 시 상업적 용도로 SNS 업로드 가능

유료 계정(학교/개인/기업)을 구독하신 경우, 개인 혹은 기업의 상품이나 서비스를 홍보하려는 목적 혹은 실물 형태의 상품으로 제작하여 판매하는 행위 등의 상업적인 용도로 SNS에 투닝으로 만든 작업물을 게시할 수 있습니다. 단, 외부 작가(Contributor)가 제작한 리소스를 활용한 작업물은 실물 형태의 상품으로 제작 및 판매가 불가능합니다.

세 번째, 투닝에서 만든 작업물로 E-Book 출판 및 도서 출판

유료 계정(학교/개인/기업)을 구독한 회원에 대해 투닝에서 제작한 작업물을 전자상거래 플랫폼에 판매 목적으로 등록하실 수 있습니다. 해당 작업물에는 '이 도서에 포함된 콘텐츠는 투닝(Tooning)을 이용하여 제작하였습니다.' 라고 출처를 명시하여야 하며, 2가지 이상의 리소스를 결합하여 창작 의도를 가지고 작업한 2차적 저작물에 한하여 창작물로 인정합니다. 따라서 단일 리소스를 활용하여 제작한 콘텐츠는 출판물 제작이 불가능합니다.

이 외에도, 투닝 홈페이지 내 '헬프 센터'에 다양한 내용이 정리되어 있습니다. 추가적인 문의사항이 있다면, 홈페이지의 문의하기 버튼을 통해 전달주시거나 고객센터(support@tooning.io) 메일로 문의주시면 답변을 받으실 수 있습니다.

02 투닝, 한 번에 훑어보기

▌투닝 사이트 둘러보기

투닝은 크롬 브라우저에 최적화되어 있습니다!

투닝은 PC와 태블릿, 모바일에서 모두 접속이 가능합니다. 브라우저를 통해 웹사이트에 접속함으로써 바로 이용이 가능합니다. 마이크로소프트 엣지(Edge), 네이버 웨일(Whale), 애플 사의 사파리(Safari) 등 모든 브라우저에서 사용이 가능하지만, 크롬(Chrome) 브라우저에 최적화되어 있기에 크롬으로 접속하는 것을 권장해 드립니다. 크롬 브라우저가 깔려있지 않다면, 아래의 링크로 접속하여 설치할 수 있습니다.

크롬 브라우저 설치 링크 : https://google.co.kr/intl/ko/chrome

▌크롬에서 투닝 시작하기

1. 크롬 브라우저를 실행합니다.
2. 검색 창에 투닝을 입력하거나, 투닝 홈페이지의 주소(tooning.io)를 입력하여 투닝 홈페이지에 접속합니다.

3. 메인 페이지 우측 상단 회원가입을 눌러 새롭게 계정을 만들거나 로그인을 눌러 로그인을합니다. 구글, 카카오, 페이스북 연동을 지원하고 있어 학생의 경우 학교에서 부여받은 구글 클래스룸 계정 혹은 네이버 웨일 계정으로 연동이 가능합니다.

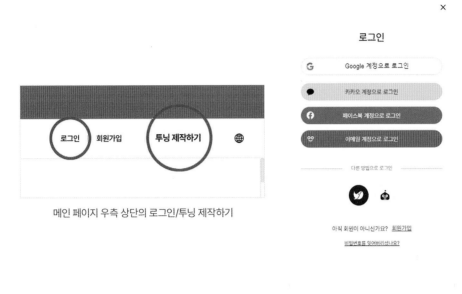

메인 페이지 우측 상단의 로그인/투닝 제작하기

투닝 로그인 페이지

4. 투닝 홈페이지 내 우측 상단에 있는 투닝 제작하기를 클릭합니다. 체험하기를 통해 별도의 로그인 없이 바로 투닝의 기능을 체험해 볼 수 있으나, 로그인 시 더 많은 기능을 체험할 수 있습니다.

투닝 메인 페이지 화면

03 투닝 GPT

▎투닝 GPT 살펴보기

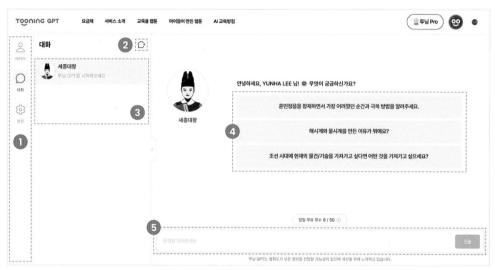

투닝 GPT 메인 화면 설명

1 메뉴 탭

캐릭터 : 대화할 캐릭터를 선택하거나 내가 원하는 캐릭터를 직접 생성할 수 있습니다.

대화 : 캐릭터와 대화한 목록을 확인할 수 있습니다. 우측 상단의 버튼을 통해 대화방을 생성할 수 있으며,
여러 캐릭터를 선택하여 단체 대화방을 만들 수도 있습니다.

설정 : 투닝 GPT의 환경설정 버튼입니다. 현재는 대화 난이도 조절 기능이 추가되어 있습니다.

2 새 대화

원하는 캐릭터와 새로운 대화방을 만듭니다. 다수의 캐릭터를 선택하여 단체 대화방을 생성할 수 있습니다.

3 대화 목록

기존에 생성한 대화 목록을 확인합니다. 클릭하여 이전 대화 목록을 볼 수 있으며, 내용을 초기화하거나 제목을 따로 지
정할 수도 있습니다.

4 질문 예시

선택한 캐릭터에 알맞은 질문 예시를 보여줍니다. 클릭하여 해당 질문에 대한 답변을 확인할 수 있습니다.

5 입력 창

질문을 입력하는 창입니다. 엔터를 누르거나 전송을 클릭하여 캐릭터에게 질문을 전달합니다.

AI 캐릭터와 대화하기

투닝 GPT는 학생들이 주도적으로 질문을 고민하고 다양한 인물들과의 대화를 통해 정보 탐색 역량을 강화할 수 있도록 돕습니다. 이를 통해 학생은 자신이 찾은 정보가 사실인지 검토하는 과정을 배울 수 있으며, 올바른 생성형 AI 사용 습관을 기를 수 있습니다. 또한, 투닝 GPT는 캐릭터별 발화 패턴과 배경지식을 추가로 학습하여, 각 학생의 학업 성취도에 맞춘 맞춤형 학습 경험을 제공합니다. 학생들은 이 서비스를 통해 자신의 학습 단계에 맞춰 대화의 난이도를 선택하고, 개인의 필요와 목표에 최적화된 교육을 받을 수 있습니다. 이러한 학습 방식은 학생들이 더욱 효과적으로 학업 성취를 이룰 수 있도록 합니다.

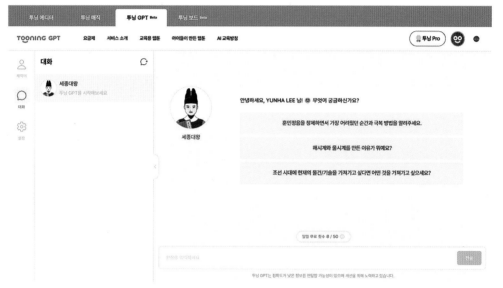

투닝 GPT 메인 화면

1. 캐릭터 선택하기

투닝 GPT에서는 다양한 캐릭터를 선택할 수 있습니다. 각 캐릭터는 고유한 지식과 특성, 성격을 반영하여 대답하며, 이를 통해 학생들에게 더욱 생동감 넘치는 대화 경험을 제공합니다. 예를 들어, 역사적 캐릭터를 선택하면 역사적 사건들에 대한 현장감 있는 설명과 분석을 들을 수 있고, 과학자 캐릭터를 선택하면 연관 과학 기술과 원리에 대해 쉽게 설명해줍니다.

각각의 캐릭터가 자신만의 대화 스타일을 가지고 있어, 마치 그 당시의 인물과 대화하는 것 같은 생동감을 느낄 수 있습니다. 이러한 인공지능 캐릭터들은 특정 주제에 대해 더 깊이 있는 이해를 돕고, 복잡한 개념을 쉽게 풀어 설명해주는 역할을 합니다. 학생들은 다양한 주제에 대한 질문을 던지면서, 자연스레 지식을 쌓고, 학습의 흥미를 높일 수 있습니다.

이와 같이 투닝 GPT의 다양한 캐릭터를 활용하면 학생들은 단순한 정보 습득을 넘어 능동적으로 참여하고, 대화를 통해 실시간으로 지식을 확장해 나가는 특별한 학습 경험을 얻을 수 있습니다. 이러한 학습 방식은 정보 탐색과 분석 능력을 키우는 데 큰 도움이 됩니다.

> **선택 가능한 화자 예시**
>
> 1. 세종대왕, 이순신, 헬렌 켈러 등 역사 인물
> 2. 학생들이 되고 싶은 미래 직업군
> 3. 진로 고민을 도와줄 진로 교사
> 4. 다양한 교과목의 보조 교사
> 5. 매직 프롬프트 엔지니어 및 스토리 작가, 웹툰 작가 등

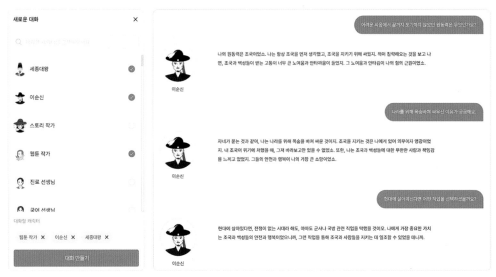

투닝 GPT 캐릭터 선택   투닝 GPT를 통한 위인 캐릭터와의 대화

2. 대답 난이도 선택하기

투닝 GPT는 질문에 대해 정보를 분석하고 정리하여 사용자에게 답변을 제공합니다. 특히 학교 학습에 초점을 맞춘 투닝 GPT는 설정을 통해 대답 난이도를 조절할 수 있어 한자어나 용어의 뜻 설명이 필요한 문장, 학생들이 이해하기 어려울 수 있는 이론 등에 대해 학습 능력에 맞춘 답변을 제공합니다.

> 쉬움 난이도 : 어린이들이 쉽게 이해할 수 있는 방식으로 설명 제공
>
> 기본 난이도 : 보편적으로 이해할 수 있는 대답 제공

이러한 기능은 학습 초기 단계의 학생부터 심화 학습이 필요한 고학년 학생까지 모두에게 적합합니다. 예를 들어, 초등학생에게는 간단한 단어와 쉬운 문장 구조를 사용하여 설명하고, 고등학생에게는 더 복잡한 개념과 상세한 설명을 제공함으로써 각자의 학습 수준에 맞는 교육을 받을 수 있습니다.

대답 난이도 선택

3. 단체 대화하기

투닝 GPT에서는 단순히 질문을 남기고 답변을 받는 정보 수집을 넘어서, 다양한 캐릭터들과 함께 단체 채팅방을 만들어 학습할 수 있습니다. 이를 통해 학생들은 양질의 질문을 던지고, 각기 다른 캐릭터들의 답변을 비교·분석하여 효율적으로 학습할 수 있습니다.

학생들은 다양한 주제에 대해 여러 전문가 캐릭터들과 동시에 대화를 나누며, 여러 관점에서 지식을 습득할 수 있습니다. 예를 들어 역사, 과학, 문학 전문가가 각각 다른 시각에서 답변을 제공하면, 학생들은 이를 종합적으로 이해할 수 있습니다. 이를 통해 문제를 다각도로 바라보는 능력을 키우고, 비판적 사고와 논리적 사고를 향상시킬 수 있습니다.

투닝 GPT의 단체 대화 기능은 특정 주제에 대해 깊이 있는 탐구를 가능하게 하여 학생이 학습에 대한 흥미를 높이고 자율적인 학습 습관을 기를 수 있도록 돕습니다. 이러한 방식은 학생들이 다양한 관점을 배우고 지식을 폭넓게 이해하는 데 기여합니다.

여러분들이 겪으신 사건 중 가장 큰 사건에 대해 요약 정리해서 말씀해주세요.

광개토대왕

나의 통치 시기 중 가장 큰 사건은 바로 서쪽으로의 확장과 국력 강화였습니다. 저는 고구려의 영토를 넓히고 국력을 강화하여 우리 민족의 안전과 안정을 도모하기 위해 노력했습니다. 이 과정에서 많은 도전과 어려움을 극복해야 했지만, 우리 민족의 번영과 국가의 발전을 위해 헌신했습니다. 이러한 노력과 희생은 고구려가 높은 지위에 올라서고 영광을 얻을 수 있도록 이끌었습니다. 저의 일생은 고구려의 번영과 국가의 안전을 위해 헌신한 통치자로서의 길을 걸어왔음을 증명합니다.

이순신

자강의 폐허, 남쪽의 적군이 내 모국을 침략하고 있을 때, 그 중에서도 가장 큰 사건은 바로 '명량 해전'이었지. 이때 내가 이끄는 조국의 함선들이 왜적과 맞섰고, 300여 척의 적군 함선을 상대로 승리를 거머쥔 전투였네.

세종대왕

그 중 가장 큰 사건은 바로 '훈민정음'을 창제한 일이었노라. 이는 우리말의 문자 체계를 새롭게 창출하여, 백성들이 보다 쉽게 배우고 표현할 수 있도록 하였노라. 과거에는 한문만으로 글을 쓰고 읽는 것이 주류였으나, 이로 인해 백성들은 글을 익히는 데 큰 어려움을 겪었노라. 나의 '훈민정음' 창제는 백성들의 문해력을 크게 향상시키고, 우리말과 문화의 발전에 기여하였노라.

단체 대화

▎나만의 캐릭터 생성하기

투닝 GPT에서는 사용자가 직접 캐릭터의 직업과 성격을 정하여 새로운 캐릭터를 생성하고 대화할 수 있는 기능이 있습니다. 예를 들어, 학생이라면 미래에 자신이 이루고 싶은 꿈을 반영한 캐릭터를 만들어 그 캐릭터와 대화하면서 색다른 경험을 할 수 있습니다. 이러한 기능은 학생들에게 창의력을 발휘할 기회를 제공하고, 미래의 자신과 대화하는 특별한 경험을 선사합니다. 이를 통해 사용자는 자신만의 고유한 화자를 만들어가며, 다양한 AI 활용 경험을 즐길 수 있습니다.

1. 내가 만들고자 하는 캐릭터의 이름과 직업을 설정합니다. 직접 직업을 추가할 수도 있습니다. 예를 들어 학생이 본인의 이름을 적고, 장래 희망을 적는다면 꿈을 이룬 나와 대화해 보고 도움을 받아볼 수 있습니다.

내 캐릭터 만들기, 이름과 직업을 선택할 수 있다

2. 캐릭터의 성격을 설정합니다. 답변에 맞춰 캐릭터의 성격이 설정됩니다. 설정된 캐릭터는 내 캐릭터에 저장되며, 언제든지 선택하여 대화를 나눠볼 수 있습니다. 단, 이후 캐릭터 수정 시 성격은 변경할 수 없어 초기 설정에 유의해야 합니다.

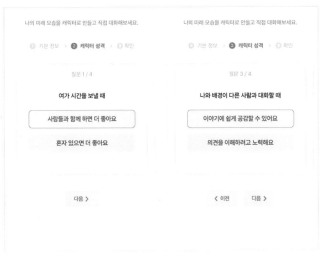

캐릭터 성격 선택

캐릭터 생성 완료

학생 대화 내용 모니터링

생성형 AI를 더 안전하고 효과적으로 활용하기 위해, 교사는 학생들이 투닝 내 GPT 캐릭터와 주고받는 질문과 답변을 직접 확인할 수 있습니다. 모니터링 기능의 특징은 다음과 같습니다.

개별화된 학습 지원
교사는 각 학생의 학습 과정을 세밀하게 파악하여 맞춤형 학습 방안을 제공할 수 있습니다.

즉각적인 피드백
학생들의 질문이나 대화 방향이 수업 목표에서 벗어날 경우, 교사의 피드백으로 올바른 방향으로 보완할 수 있습니다.

안전한 학습 환경 조성
부적절하거나 유해한 내용이 오가지 않도록 예방합니다.

협력 학습 촉진
교사는 흥미로운 질문이나 토론 주제를 발견하면 이를 전체 학급과 공유하여 더 깊이 있는 토론으로 발전시킬 수 있습니다.

학생의 사고력 및 문제 해결 능력 향상
학생들의 질문 유형과 생성형 AI의 상호작용을 관찰함으로써, 학생의 비판적 사고와 창의적 문제 해결 능력을 기르는 데 도움을 줄 수 있습니다.

해당 기능은 '학교' 계정에 한해 제공됩니다.

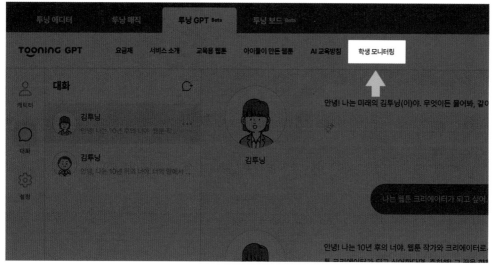

학교 선생님 계정으로 로그인 시 확인할 수 있는 학생 모니터링 버튼

투닝 초등학교

학생 20명

번호	이름	계정	새 대화 ⓘ
1	김투닝	tooningk@tooning.io	
2	정툰쓰	jeongtoons@tooning.io	
3	투닝즈	tns1234@tooning.io	○
4	심플이	iamsimple@tooning.io	
5	동글이	rounded@tooning.io	○
6	브랜든	ctobrd0@tooning.io	○
7	김계란	eggkim@tooning.io	○
8	반석이	banseok@tooning.io	○
9	세바스찬	tiansebas@tooning.io	
10	라임이	lemonlime@tooning.io	○
11	새미	samemas@tooning.io	
12	레오	lleeoo@tooning.io	

투닝 GPT 모니터링

투닝 초등학교

학생 모니터링

투닝즈

tns1234@tooning.io

안녕! 나는 미래의 투닝즈(이)야. 무엇이든 물어보면 바로 대답해줄게!

안녕 넌 누구니?

안녕! 나는 10년 뒤의 너야. 현재 너의 크리에이터 커리어와 개인 발전에 대해 전문 지식을 갖고 있어. 지금 현재 너와 소통하고 있는 건 나 자신이야. 이 시간에 조언하고 도와주려고 하는 거야.

우선, 크리에이터로서 성공하기 위해서는 끊임없는 열정과 노력이 필요해. 자신만의 독특한 콘텐츠를 만들고 지속적으로 발전시키는 것이 중요해. 그리고 중요한 건 네가 하는 일을 즐기는 것이야.

10년 뒤의 너는 이미 많은 경험을 쌓고 더 나은 방향으로 나아가고 있을 거야. 그래서 현재의 너도 포기하지 말고 계속 노력해. 크리에이터로서의

학생 대화 내역 확인하기

┃ 요약하기와 소리로 듣기

1. 내용 요약하기

국어 선생님

네, 인상 깊은 시를 작성하는 데에는 몇 가지 요소가 필요해요. 먼저, 주제를 선정할 때는 자신의 경험, 감정, 또는 주변의 사물에 대한 관찰 등을 활용할 수 있어요. 그리고 선택한 주제에 대해 깊이 생각하고 다양한 감정을 느껴보는 것이 중요해요.

시를 쓸 때에는 시의 형식과 구조를 고려해야 해요. 예를 들어, 자유 시나 고정 시 등의 형식을 선택하고, 적절한 운율과 구절을 활용하는 것이 도움이 돼요. 또한, 시의 구성 요소인 비유, 은유, 상징 등을 잘 활용하여 시에 깊이와 감동을 불어넣을 수 있어요.

또한, 말을 잘 고르고 구성을 꼼꼼히 다듬는 것도 중요해요. 단어의 선택과 문장 구조의 다양성을 통해 시의 표현력을 높일 수 있어요. 더불어 독자와의 공감을 이끌어내기 위해 마음을 열고 솔직한 감정을 전달하는 노력도 필요해요.

마지막으로, 시를 완성했다면 여러 번 읽어보고, 필요하다면 수정을 거쳐 완성도를 높이는 것이 좋아요. 자신의 감정과 생각을 정확하고 감동적으로 표현한 시는 독자에게 깊은 여운을 남기게 될 거예요. 이렇게 구체적이고 섬세하게 작업하면 보다 인상 깊은 시를 작성할 수 있을 걸요.

요약

인상 깊은 시를 쓰려면 개인 경험, 감정, 주변 관찰 등을 활용하여 주제를 선정하고 깊이 생각하며 다양한 감정을 담는 것이 중요하고, 시의 형식, 구조, 비유, 은유, 상징을 고려하며 단어 선택과 구성을 세심히 다듬어야 한다. 읽어보고 수정해 완성도를 높여야 한다.

투닝 GPT 내용 요약하기

투닝 GPT는 대화 내용을 요약해주는 기능을 제공하여 학습 효과를 높입니다.

투닝 GPT의 요약 내용을 바탕으로, 복잡한 개념이나 많은 정보를 포함한 답변을 더 쉽게 이해하고 기억할 수 있습니다. 이는 특히 자기 주도 학습 시 매우 유용하며, 학생들이 핵심 아이디어를 파악하고 정리하는 능력을 기르는 데 도움을 줍니다. 또한, 요약된 내용을 바탕으로 추가 질문을 생성하거나 더 깊이 있는 학습으로 나아감으로써 학습의 질을 높이는 데 기여합니다.

또한, 말을 잘 고르고 구성을 꼼꼼히 다듬는 것도 중요해요. 단어의 선택과 문
일 수 있어요. 더불어 독자와의 공감을 이끌어내기 위해 마음을 열고 솔직한 ⸱

마지막으로, 시를 완성했다면 여러 번 읽어보고, 필요하다면 수정을 거쳐 완성
각을 정확하고 감동적으로 표현한 시는 독자에게 깊은 여운을 남기게 될 거예
다 인상 깊은 시를 작성할 수 있을 걸요.

마지막으로, 시를 완성했다면 여러
각을 정확하고 감동적으로 표현한
다 인상 ═ 요약하기 성할 수 있을
✕ ◁ 소리로 듣기

요약하기 버튼

2. 소리로 듣기

'소리로 듣기' 기능은 각 캐릭터의 성격에 맞는 목소리가 준비되어 있어 실제 대화하는 듯한 현장감을 체험할 수 있
습니다. 더욱 생동감 있는 수업으로 학생들의 적극적인 참여를 유도할 수 있습니다.

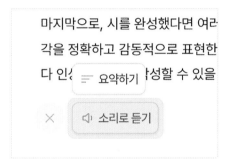

소리로 듣기 및 재생 시 화면

04 투닝 매직

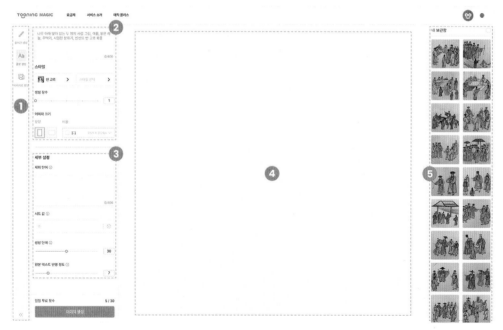

TOONING MAGIC

| 투닝 매직 살펴보기

투닝 매직은 단순한 이미지 생성형 AI를 넘어 세계 최초 한국 화풍인 김홍도 · 이중섭 등의 스타일을 선택해 이미지 생성이 가능합니다. 사진, 만화, 픽셀 등 다양한 스타일을 설정할 수 있으며, 학생들로 하여금 단순 암기가 아닌 화풍을 직접 체험하고 이해할 수 있게 합니다. 크게 글로 생성하기, 이미지로 생성하기, 실시간 생성하기로 크게 세 가지로 나누어집니다.

1. 글로 생성

투닝 매직 '글로 생성' 메인 화면

① 메뉴 탭

실시간 생성 : 사용자가 그리는 그림을 AI가 실시간으로 생성합니다.

글로 생성 : 프롬프트(명령어)와 화풍, 스타일 선택을 통해 이미지를 생성합니다

이미지로 생성 : 업로드한 이미지를 바탕으로, 프롬프트(명령어)와 화풍, 스타일 선택을 통해 이미지를 재생성합니다.

② 기본 설정

① 프롬프트(명령어) 입력 창 : 키워드 위주의 프롬프트(명령어)를 입력합니다.
해당 입력 상자에 입력된 키워드들을 바탕으로 이미지가 생성됩니다.

② 스타일 : 생성할 이미지의 화풍과 이미지 스타일을 선택합니다.

③ 생성 장수 : 이미지를 몇 장 생성할 지 설정합니다. 최대 5장까지 일괄 생성이 가능합니다.

④ 이미지 크기 : 이미지의 방향과 비율을 통해 생성될 이미지의 크기를 설정합니다.

③ 세부 설정

① 제외 단어 : 키워드 위주의 프롬프트(명령어)를 입력합니다. 입력된 키워드들은 이미지로 생성되지 않습니다.

② 시드 값 : 이미지 생성을 위한 시작점으로 사용되는 숫자로, 같은 값을 입력할 시 이전과 동일한 이미지를 생성합니다.

③ 생성 단계 : 이미지를 생성할 때 거치는 단계 수로, 숫자가 클수록 소요 시간이 증가하고 더 정교한 이미지를
생성합니다.

④ 원본 텍스트 반영 정도 : 숫자가 클수록 더 프롬프트(명령어)에 가까운 이미지를 생성합니다.

④ 대지(아트보드)

생성된 이미지가 보이는 창입니다.

⑤ 내 보관함

생성한 이미지들을 확인할 수 있으며, 다운로드, 캔버스로 보내기, 이미지에 적용된 프롬프트(명령어) 정보 확인 등을 할 수 있습니다. 보관함에 존재하는 이미지는 투닝 에디터에서도 저장되어 불러올 수 있습니다.

2. 이미지로 생성

이미지로 생성(Image to Image)은 직접 이미지 업로드, 그리기 도구 등을 활용하여 이미지 생성이 가능합니다.

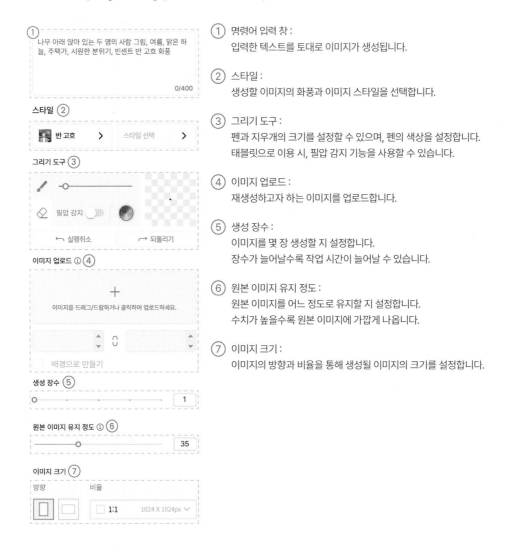

① 명령어 입력 창 :
입력한 텍스트를 토대로 이미지가 생성됩니다.

② 스타일 :
생성할 이미지의 화풍과 이미지 스타일을 선택합니다.

③ 그리기 도구 :
펜과 지우개의 크기를 설정할 수 있으며, 펜의 색상을 설정합니다.
태블릿으로 이용 시, 필압 감지 기능을 사용할 수 있습니다.

④ 이미지 업로드 :
재생성하고자 하는 이미지를 업로드합니다.

⑤ 생성 장수 :
이미지를 몇 장 생성할 지 설정합니다.
장수가 늘어날수록 작업 시간이 늘어날 수 있습니다.

⑥ 원본 이미지 유지 정도 :
원본 이미지를 어느 정도로 유지할 지 설정합니다.
수치가 높을수록 원본 이미지에 가깝게 나옵니다.

⑦ 이미지 크기 :
이미지의 방향과 비율을 통해 생성될 이미지의 크기를 설정합니다.

3. 실시간 생성

실시간 생성(Latent Consistency Model)은 사용자가 그리는 그림을 AI가 실시간으로 생성합니다. 사용자가 원하는 이미지를 프롬프트(명령어)로 입력하고 그림으로 간단히 묘사하면, 몇 개의 선이나 면으로도 자연스럽고 세밀한 이미지를 만들어 줍니다. 이미지를 수정할 때마다 생성 버튼을 누를 필요 없이, 실시간으로 이미지를 생성해 줍니다. 이 기능은 학생들과 선생님들이 창의적인 아이디어를 손쉽게 시각화하고, 상상력을 키울 수 있도록 도와줍니다.

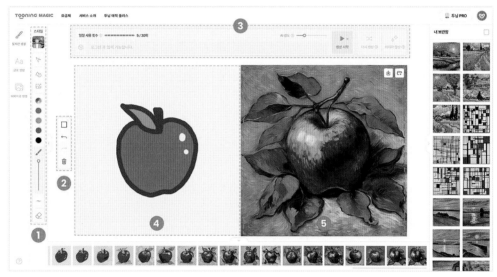

투닝 매직 '실시간 생성' 메인 화면

① 기본 설정

① 스타일 변경 : 글로 생성과 동일하며, 입력한 텍스트를 토대로 이미지가 생성됩니다.

② 선택 : 요소, 이미지 등을 선택하여 움직일 수 있습니다.

③ 요소 불러오기 : 원하는 요소를 찾아 대지에 올릴 수 있습니다.

④ 사진 불러오기 : 원하는 사진을 불러와 대지에 추가합니다.

⑤ 색상 설정 : 드로잉에 사용할 브러쉬 색상을 설정할 수 있습니다.

⑥ 브러쉬 크기 설정 : 드로잉에 사용할 브러쉬의 크기를 설정합니다.

⑦ 필압 설정 : 태블릿 사용 시, 필압을 감지하여 브러쉬의 두께를 조정합니다.

⑧ 지우개 : 지우개로 설정합니다. 브러쉬와 동일하게 크기를 설정할 수 있습니다.

2 기타 설정

① 배경 색 변경 : 대지의 배경 색상을 변경합니다.

② 실행 취소 : 실행한 작업을 취소합니다. 선택 가능한 요소가 있을 때 클릭할 수 있습니다.

③ 재실행 : 취소한 작업 내용을 다시 실행합니다.

④ 선택 삭제 : 선택한 요소 혹은 이미지를 삭제합니다.

3 실시간 생성 설정

① 명령어 입력 창 : 글로 생성과 동일하며, 입력한 텍스트를 토대로 이미지가 생성됩니다.

② AI 강도 : 이미지 생성 간 반영될 AI의 강도를 설정합니다. 높을수록 AI가 많이 관여하여 새로운 이미지가 나옵니다.

③ 생성 멈춤 : 실시간 생성을 멈춥니다. 다시 누를 시, 생성이 재개됩니다.

④ 다시 생성 : 현재 대지에 그린 이미지를 토대로 AI가 다시 이미지를 생성합니다.

⑤ 이미지 향상 : 현재 AI가 생성한 이미지를 기반으로 고퀄리티의 이미지를 다시 생성합니다.

4 대지(아트보드)

실시간으로 이미지를 그리는 영역입니다.

5 생성 이미지 대지

AI를 통해 생성된 이미지가 보여지는 창입니다.

4. 이미지 생성과 프롬프트(명령어)

다음은 투닝 매직을 통해 생성한 이미지의 몇 가지 예시입니다. 이 예시들은 프롬프트 작성에 있어 참고할 수 있도록 준비되었습니다. 다양한 예시를 통해 원하는 이미지를 더욱 쉽게 제작할 수 있습니다. 투닝 매직을 통해 수업 자료, 프로젝트, 개인 작품 등 다양한 분야에서 고퀄리티 이미지를 손쉽게 만들어 보세요.

아래의 예시들을 참고하여 여러분의 아이디어를 실현해 보세요.

프롬프트 : 백조, 호수, 빨간 지붕 집, 큰 나무, 맑은 날
화풍 : 모네
생성단계 : 50
원본 텍스트 반영 정도 : 3.1

프롬프트 : 군인, 근엄한, 용맹한, 헬멧, 방탄복, 군복
화풍 : 반 고흐
생성단계 : 40
원본 텍스트 반영 정도 : 13.7

프롬프트 : 화산, 먹구름, 번개, 마그마, 용암, 풍경화
스타일 : 시네마틱
생성단계 : 45
원본 텍스트 반영 정도 : 8

프롬프트 : 비온 뒤 숲, 회색 후드티 반바지 슬리퍼 소년, 가방
스타일 : 애니메이션
생성단계 : 33
원본 텍스트 반영 정도 : 8

또한, 투닝 GPT 내에는 '매직 프롬프트 엔지니어'라는 캐릭터가 존재합니다. 이 캐릭터는 어시스턴트 역할을 수행하며, 더 정교한 이미지 생성이 가능하도록 돕습니다. 학생과 선생님이 원하는 이미지에 대한 설명을 입력하면, 이 매직 프롬프트 엔지니어는 투닝 매직이 가장 잘 이해하고 처리할 수 있는 형태의 프롬프트(명령어)로 변경합니다.

매직 프롬프트 엔지니어 캐릭터를 활용하여 사용자는 복잡한 프롬프트 엔지니어링 기술을 직접 배우거나 적용할 필요 없이, 자신의 아이디어를 쉽게 시각화할 수 있습니다.

매직 프롬프트 엔지니어 사용 화면

다음은 이미지에서 매직 프롬프트 엔지니어가 제시한 문장으로 제작한 이미지입니다.

프롬프트 : 고양이, 편의점, 라면, 먹다, 그림, 귀엽다, 작다, 졸귀, 귀욤, 색다르다, 신기하다, 웃기다, 유쾌하다, 독특하다, 귀염뽀
짝, 의외로, 귀엽게, 재미있게, 특이하게, 신기하게
스타일 : 시네마틱
생성단계 : 45
원본 텍스트 반영 정도 : 8

프롬프트 : 선글라스, 하와이안 셔츠, 눈 덮인 해변, 펭귄, 바비큐 파티
스타일 : 판타지 아트
생성단계 : 45
원본 텍스트 반영 정도 : 8

프롬프트 : 다람쥐, 숲, 동물들, 오케스트라, 지휘, 그림, 귀엽다, 신기하다, 유쾌하다, 신나다, 화려하다, 아름답다, 특이하다, 창
의적, 신비로운, 재미있다, 환상적
스타일 : 없음
생성단계 : 50
원본 텍스트 반영 정도 : 8

05 투닝 에디터

┃ 투닝 에디터 살펴보기

투닝 에디터에서는 누구나 쉽게 웹툰 및 교육 콘텐츠를 제작할 수 있습니다. 투닝 에디터를 통해서 PPT, 카드뉴스, 포스터 등 학교에서 자주 활용되는 콘텐츠를 제작할 수 있으며, 학생들의 창의력을 활용한 웹툰 만들기, 생각 표현하기 수업 등에 활용할 수 있습니다. 이를 위해 미리 준비된 템플릿을 활용하면 약간의 수정만 거쳐 누구든지 완성도 높은 콘텐츠를 제작할 수 있습니다. 유형별 템플릿부터 교과목별로 활용할 수 있는 템플릿, 이벤트나 학급 내 자료 등을 위한 다양한 템플릿이 준비되어 있습니다.

투닝 에디터 PC/Mobile 화면

유형별 템플릿 보유

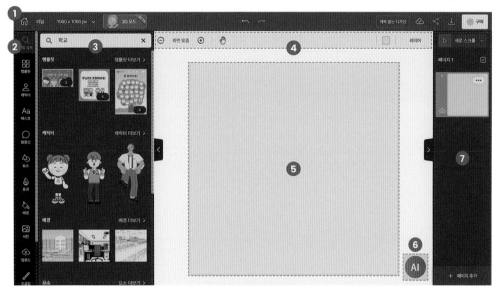

투닝 에디터 메인 화면

1️⃣ 상단 탭

① 홈 버튼 : 에디터 편집 화면에서 나의 작업 페이지로 이동합니다.

② 파일 : 제목 변경, 새 작업 만들기, 사본 생성, 저장 및 링크 공유, 설정 등의 활동이 가능합니다.

③ 화면 크기 : 화면 크기를 변경합니다. 콘텐츠 유형별 크기와 사용자 지정 크기 등 선택이 가능합니다.

④ 3D 모드 : 투닝 캐릭터 '동글이'의 3D 모델링을 불러옵니다. 원하는 모습으로 대지에 불러옵니다.

⑤ 작업 취소/재실행 : 진행한 작업을 취소하거나 재실행합니다.

⑥ 제목 : 현재 진행 중인 작업의 제목을 변경합니다.

⑦ 저장 : 클릭하여 현재 작업을 저장합니다. 변경 사항이 생길 시, 자동으로 저장됩니다.

⑧ 공유 : 링크로 공유하거나, 폴더 코드를 입력하여 사본을 보내거나, 투닝 보드로 공유할 수 있습니다.

⑨ 다운로드 : 작업을 이미지, PPT, 영상 등 다양한 포맷으로 다운로드할 수 있습니다.

⑩ 냥이 구매 : 투닝 에디터 · 투닝 매직 · 투닝 GPT 등 사용을 위해 필요한 냥이를 구매할 수 있습니다.

2️⃣ 메뉴 탭

템플릿과 캐릭터, 텍스트, 요소 등 콘텐츠 제작에 필요한 카테고리를 선택할 수 있습니다.
메뉴 탭에 내 보관함을 통해 투닝 매직에서 생성한 이미지를 불러올 수도 있습니다.

3️⃣ 콘텐츠 탭

메뉴 탭에서 선택한 카테고리의 하위 카테고리로, 콘텐츠 제작에 필요한 것을 클릭하여 대지로 불러올 수 있습니다.

4 옵션 탭

① 화면 크기 조정 : 화면을 키우거나 줄이고, 화면에 맞출 수 있습니다.

② 커서/이동 : 커서 모드로 요소를 클릭하여 옮기거나, 이동 모드로 대지를 이동할 수 있습니다.

③ 배경색 설정 : 배경 색상을 변경합니다. 기본적으로 투명 배경이 적용되어 있습니다.

④ 레이어 : 레이어 창을 엽니다. 화면에 배치된 레이어를 잠그거나 고정시키고, 이름을 변경할 수 있습니다.

5 대지(아트보드)

작업 중인 이미지가 보이는 창입니다.

6 AI 메뉴

투닝 에디터에서 사용할 수 있는 AI 기능들을 확인할 수 있습니다. 문장으로 툰 생성, 그림으로 요소 검색, 사진으로 캐릭터 생성 등의 기능을 사용할 수 있으며, 투닝 GPT와 투닝 매직으로 이동할 수도 있습니다.

7 페이지 탭

작업 중인 콘텐츠의 페이지를 확인할 수 있습니다. 보기 방식을 선택하여 콘텐츠를 볼 수 있고 페이지 추가 및 이동, 삭제가 가능합니다.

▌양질의 디자인 요소

1. 투닝 에디터에서만 볼 수 있는 캐릭터

투닝 에디터에는 다양한 스타일의 캐릭터를 보유하고 있습니다. 캐릭터들은 각각 다른 그림체와 체형, 외모를 가지고 있으며 마음에 드는 캐릭터를 선택한 후 표정부터 동작이나 얼굴 장식, 색상 등을 원하는 대로 설정하여 수십만 가지의 모습을 연출할 수 있습니다. 투닝에 포함된 모든 캐릭터는 저작권 문제없이 사용할 수 있으며, Contributor에 포함된 캐릭터는 외부 작가가 디자인한 유료 캐릭터로 냥이 충전을 통해서 구매하여 사용할 수 있습니다.

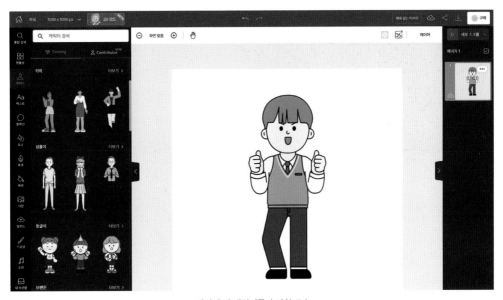

에디터 내 캐릭터를 추가한 모습

캐릭터 표정 및 동작 편집

2. 클릭만으로 콘텐츠를 완성할 수 있는 요소들

콘텐츠 제작에 필요한 다양한 요소들이 준비되어 있습니다. 사용자는 캐릭터와 텍스트, 말풍선, 요소나 효과 등과 같은 디자인 요소들을 활용해 최소한의 수정으로도 멋진 콘텐츠를 쉽게 제작할 수 있습니다.

콘텐츠 제작 방법을 잘 모르는 사용자들도 걱정할 필요가 없습니다. 준비된 템플릿은 사용자들이 자신의 아이디어를 보다 빠르고 효율적으로 실현할 수 있도록 도와줍니다. 투닝 에디터는 사용자들이 창의적인 콘텐츠를 제작하는 데 필요한 모든 것을 제공하며, 누구나 손쉽게 고퀄리티의 작품을 완성할 수 있도록 지원합니다.

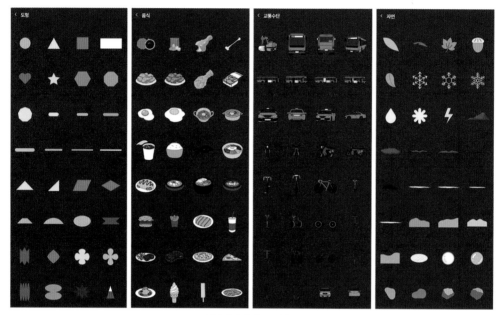

투닝 에디터 내 요소 일부

▎AI와 함께 제작하는 콘텐츠 ─────────────

투닝 에디터 내에 우측 하단에 존재하는 AI 버튼을 통해 다양한 인공지능 기능을 활용할 수 있으며, 투닝 GPT와 투닝 매직으로 이동할 수도 있습니다. 문장으로 툰 생성, 사진으로 캐릭터 생성, 글로 캐릭터 연출 등 재미있고 흥미로운 AI 기능이 지원됩니다.

에디터 내 AI 기능 확인 창

1. 문장으로 툰 생성하기

AI 버튼을 눌러 사용할 수 있는 '문장으로 툰 생성'은 텍스트 필드에 캐릭터 이름과 상황 묘사, 캐릭터의 발화를 입력하여 웹툰 한 장면을 묘사해 주는 기능입니다. 이때, 사용할 수 있는 캐릭터는 '브랜든, 길버트, 김계란, 동글이, 키미' 입니다. 문장을 입력한 후 적용을 누르면 몇 초 이내에 사용자가 입력한 장면을 묘사해 줍니다. 학생은 인물과 상황, 발화 등 문장 구조를 이해하고 인공지능이 표현하는 이미지에 대한 관계를 이해할 수 있습니다.

문장으로 툰 생성

2. 사진으로 캐릭터 생성하기

사진 촬영이 가능한 캠이 있거나, 얼굴이 잘 나온 사진이 있다면 사진으로 캐릭터 생성하기 기능을 활용할 수 있습니다. 마음에 드는 캐릭터를 불러오고, 상단의 얼굴 편집 탭에 진입하여 AI 자동 생성 버튼을 클릭하면 카메라를 통해 사용자의 얼굴을 촬영할 수 있습니다. 또는 준비한 사진을 업로드해 생성도 가능합니다. AI가 사진 속 이목구비를 분석해 에디터 내 캐릭터를 사용자의 얼굴과 유사하게 변경합니다. 사용자는 나를 닮은 캐릭터를 주인공으로 설정해 몰입감 있는 콘텐츠 제작이 가능합니다.

사진으로 캐릭터 생성

3. 글로 캐릭터 연출하기

마음에 드는 캐릭터를 선택하고 텍스트를 입력한 뒤, AI 버튼을 클릭하여 글 상황에 맞는 캐릭터의 동작 및 표정을 연출할 수 있습니다. 이때 에디터 내 화면에 텍스트만 존재할 경우, 작동하지 않으며 반드시 캐릭터와 텍스트가 같이 배치되어 있어야 합니다. 문장 속에 담긴 내용을 시각적으로 표현하여 감정표현 등을 배울 수 있습니다. 복수의 캐릭터가 존재할 경우, 모두 적용할 수도 있으며 개별 적용할 수도 있습니다.

텍스트 선택 후, AI 버튼을 클릭하여 대사에 맞춰 캐릭터의 모습을 변경

4. 소리 녹음 기능

투닝 에디터는 인터랙티브형 콘텐츠 제작이 가능하도록 소리 녹음 기능을 출시하였습니다. (24. 7월 기준) 역할극,
오디오툰, 인터랙티브 퀴즈 등 다양한 콘텐츠를 제작할 수 있으며 좌측 메뉴 탭의 소리 버튼을 클릭하여 사용할 수
있습니다. 별도의 녹음 장치(마이크 등)가 준비되어야 하며, 해당 기능은 유료 계정에 한해 지원됩니다. 향후 소리
녹음뿐만이 아닌, 다양한 목소리 기반의 TTS(Text to Speech)를 통한 소리 녹음 기능도 추가될 예정입니다.

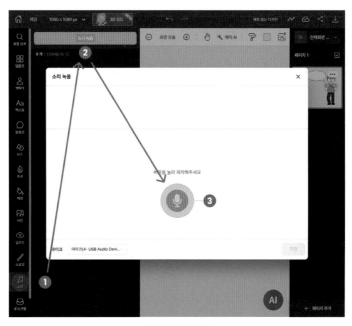

소리 녹음 이용법

소리 녹음 기능을 사용한 콘텐츠 제작 예시

▎투닝 에디터 더 알아보기

1. 매직에서 생성한 이미지 불러오기

투닝 매직에서 만든 이미지는 투닝 에디터에 자동으로 저장되며, 생성한 이미지를 불러와 작업할 수 있습니다.

우선, 투닝 매직에서 이미지를 생성한 후, 투닝 에디터 제작 화면으로 진입합니다.

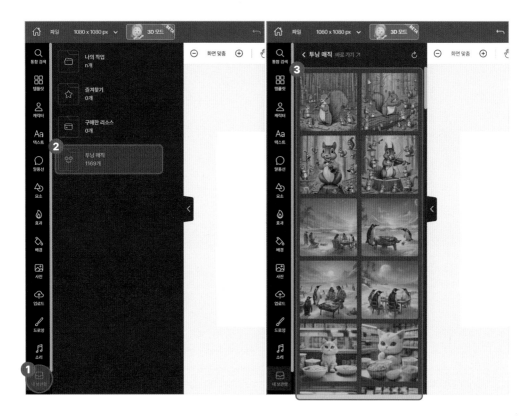

1. 좌측 메뉴 탭 하단의 '내 보관함'을 클릭합니다.

2. 콘텐츠 탭의 '투닝 매직'을 클릭합니다.

3. 콘텐츠 탭에 투닝 매직에서 제작한 이미지를 클릭하여 대지(아트보드)에 추가합니다.

이 외에도 '바로 가기'를 클릭하여 투닝 매직으로 이동할 수 있으며, 새로 작업한 이미지가 있다면 우측의 새로고침 아이콘을 클릭하여 결과물을 다시 불러올 수 있습니다.

2. 투닝 보드 공유 시 유의사항

결과물의 공유 설정을 복제 가능으로 변경하기

투닝 에디터에서는 투닝 보드와의 연동으로 손쉽게 작업물을 내보낼 수 있습니다. 하지만 다른 사용자가 내 작업물을 다운로드하고자 할 때, 다운로드가 되지 않는 경우가 존재합니다. 이럴 때는 투닝 보드로 공유하기 이전에 제작한 결과물의 공유 설정을 복제 가능으로 변경해주어야합니다.

보기 전용 : 콘텐츠 보기만 가능하며 편집이 불가능한 상태

복제 가능 : 콘텐츠 보기와 편집 모두 가능한 상태

공유 설정 변경

06 투닝 보드

┃ 투닝 보드 살펴보기

투닝 보드 메인 화면

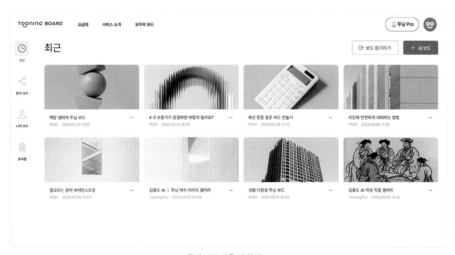

투닝 보드 사용 시 화면

투닝 보드는 콘텐츠를 한 곳에 모아 정리할 수 있는 게시판의 기능을 하는 서비스입니다. 다수의 사람이 보드에 참여하여 콘텐츠를 공유하며, 그룹 활동을 할 수 있습니다. 투닝의 사용자라면 누구나 보드에 참여할 수 있습니다. 보드에 참석하는 사용자는 보드 생성자가 설정한 권한에 따라 독자, 작가, 편집자 중 하나로 참여하게 됩니다. 교사들은 투닝 보드를 활용하여 학생들의 제작 결과물을 손쉽게 받을 수 있고, 학생들은 투닝 보드에서 서로의 콘텐츠를 공유하고 의견을 주고받으며 원활한 커뮤니케이션을 진행할 수 있습니다.

투닝 GPT 메인 화면 설명

❶ 메뉴 탭

최근 : 최근 확인한 보드 목록을 확인할 수 있습니다. 직접 만든 보드 및 참가한 보드 모두 확인할 수 있습니다.

참가 보드 : 참가되어있는 타인이 생성하여 공유한 보드를 확인합니다.

나의 보드 : 내가 직접 생성한 보드를 확인합니다.

휴지통 : 삭제한 보드를 확인할 수 있습니다. 삭제한 보드를 다시 복원하여 옮기거나, 영구 삭제 등 작업이 가능합니다.

❷ 보드 목록

참여한 보드 목록을 표시하는 공간입니다.

❸ 보드 참가하기

다른 사용자가 생성한 보드에 참여합니다. URL 링크 혹은 공유 코드를 통해서 참여할 수 있습니다.

❹ 새 보드

새로운 보드를 생성합니다.

▌투닝 보드 활용하기

1. 투닝 보드 생성 및 설정하기

보드 생성

투닝에 로그인하여 투닝 보드에 진입하면 최근에 참가한 보드 목록을 확인할 수 있습니다. 우측 상단에 있는 '새 보드' 버튼을 클릭하면 새로운 보드를 생성할 수 있습니다. 생성된 보드 내에서는 좌측 상단부터 보드 설정, 공유 설정, 참여도 설정을 통해 보드의 디자인, 댓글과 반응 활성화, 외부로 전송할 공유 링크 등을 확인하고 조정할 수 있습니다.

보드 공유 및 권한 설정

보드 설정에서는 보드의 레이아웃과 테마를 선택하여 더욱 개성 있는 보드를 만들 수 있습니다. 공유 설정에서는 보드를 다른 사람들과 쉽게 공유할 수 있는 링크를 생성할 수 있으며, 필요에 따라 접근 권한을 조정할 수 있습니다. 참여도 설정을 통해 댓글 기능을 활성화하거나 사용자의 반응을 받을 수 있습니다.

보드를 공유할 때는 학생들의 원활한 참여를 위해 다양한 방법을 사용할 수 있습니다. 예를 들어, 에디터 공유용 코드를 제공하여 다른 사용자가 보드에 접근할 수 있게 하거나, QR 코드를 생성하여 모바일 기기로도 쉽게 접속할 수 있도록 할 수 있습니다. 이러한 기능을 통해 투닝 보드는 수업 자료를 공유하고 협업하며, 피드백을 받을 수 있는 유용한 도구로 활용될 수 있습니다. 사용자들이 투닝 보드를 통해 더욱 풍부하고 창의적인 콘텐츠를 제작하고 공유할 수 있도록 다양한 기능과 편리함을 제공합니다.

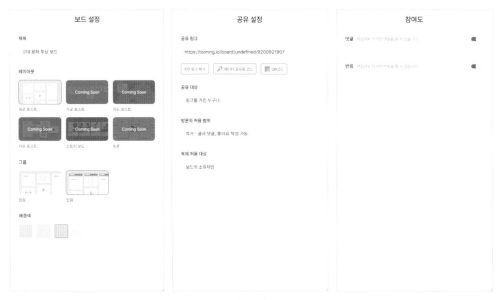

투닝 보드 설정

2. 보드 활용 예시

보드에 올라온 게시글에 댓글과 반응을 남길 수 있습니다. 예를 들어 투닝을 활용한 수업 진행 후, 보드를 공유하여 학생들 개개인의 작품을 올리도록 하여 서로의 작품에 피드백을 남기는 등의 활동이 가능합니다. 또한 그룹을 생성하고 학생들의 게시글을 옮기며 유형별 분류를 진행하거나 브레인스토밍 등 아이디어 도출 과정 또한 진행할 수 있습니다.

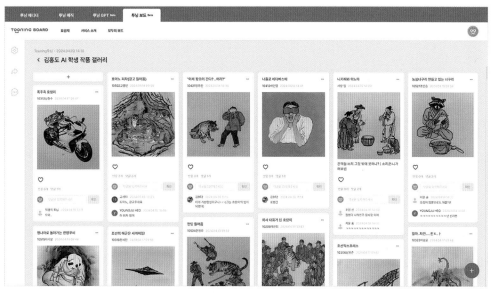

투닝 보드 학생 참여 갤러리

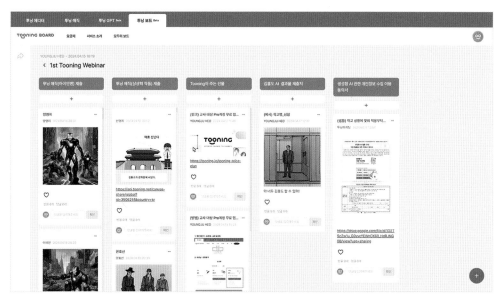

제1회 투닝 웨비나 진행 간 보드 활용 예시

3. 이미지 저장하기

이미지를 컴퓨터에서 직접 업로드한 경우

1. 보드의 우측 상단 점 세개 아이콘을 눌러 펼쳐보기를 선택합니다.

2. 이미지의 우측 상단 다운로드 아이콘을 클릭하여 다운로드 합니다.

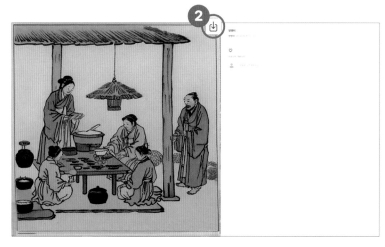

에디터 링크를 공유하여 이미지가 업로드된 경우

• 링크를 공유하는 사람 (학생)

1. 에디터에서 우측 상단 공유하기 아이콘을 클릭합니다.

2. 링크 공유하기를 클릭합니다.

3. 공유 설정을 '복제 가능'으로 설정한 뒤 X를 눌러 창을 닫습니다.

4. 다시한 번 공유하기 아이콘을 누른뒤 '투닝 보드에 공유하기'를 눌러 투닝 보드에 이미지를 공유합니다.

- 링크를 받은 사람 (선생님)

1. 보드에 공유된 에디터의 링크를 클릭합니다.

2. 우측 상단 복제&편집을 클릭합니다.

3. 에디터 화면에서 우측 상단 다운로드 아이콘을 눌러 다운로드합니다.

▌ 투닝 보드 더 알아보기

1. 보드 내 이용자별 차이점

보드 생성자는 보드를 최초로 생성한 사람을 말하며, 따로 설정할 수 없습니다.

그 외 작가, 독자, 편집자에 대하여는 보드 생성자에 의해 설정될 수 있습니다.

	보드 생성자	편집자	작가	독자
보드 설정 변경	O	X	X	X
그룹 추가, 제목 수정, 정렬 수정	O	O	X	X
포스트 생성(글 작성)	O	O	O	X
타인이 작성한 포스트(글) 삭제	O	X	X	X
댓글 생성 (댓글 기능 ON일 때)	O	O	O	X
타인의 댓글 삭제 (댓글 기능 ON일 때)	O	X	X	X
리액션 추가, 본인의 리액션 수정, 삭제 (리액션 기능 ON일 때)	O	O	O	X
단순 읽기 (보드에 접근 권한이 있을 때)	O	O	O	O

2. 편집 권한과 복제 권한이란?

편집 권한은 보드 내 포스트, 그룹, 댓글 등에 대해 관리할 수 있는 권한을 이야기합니다.

보드 내 편집 권한 설정

복제 권한은 '보드'를 복제할 수 있는 기능을 이야기합니다.

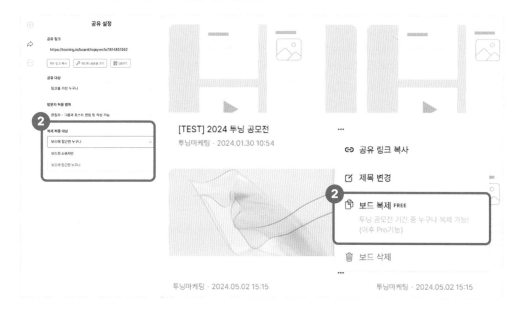

Part 2

Part 2.에서는 초등학교와 중학교 교육 현장에서 투닝을 활용한 다양한 사례를 소개합니다. 역사, 진로, 과학, 음악 등 여러 교과에 걸친 실제 수업 사례를 통해 투닝의 교육적 활용 가능성을 보여줍니다. 각 사례는 교사들의 실제 경험을 바탕으로 하며, 투닝의 AI 기능을 창의적으로 활용하여 학생들의 흥미와 참여를 이끌어낸 방법을 설명합니다. 이를 통해 독자들은 투닝을 자신의 교육 환경에 적용할 수 있는 구체적인 아이디어와 영감을 얻을 수 있을 것입니다.

투닝과 함께
역사적 인물의 삶과 가치관 탐구하기

에듀테크 교사 연구회 부대표 / 초등학교 교사 김유리

김유리 (율쌤)

"앎과 삶을 잇고, 미래의 방향을 찾을 수 있는 수업"

약력
에듀테크 교사 연구회 부대표
교육부 교실혁명 선도교사
대구시교육청 초등 사회과 수업연구교사

SNS
Insta : @yulssam.log
Blog : https://blog.naver.com/yul-ssam
Youtube : 율쌤TV

▌1. Tuning In : 투닝 교육용 웹툰으로 탐구 준비하기

투닝으로 만나는 교육용 웹툰

민족사상 가장 빛나는 시기를 만든, 세종대왕 이야기

라디오 주파수를 맞출 때 우리는 Tune in이라는 표현을 씁니다. 이와 비슷한 의미로 탐구를 위해 자신의 생각을 열고 탐구를 위해 준비하는 과정을 Tuning In 이라고 하는데요. 탐구의 문을 열 때에는 탐구와 관련하여 학생들의 흥미와 관심을 높일 수 있는 소재를 활용하는 것이 좋겠지요?

역사적 인물의 삶과 가치관을 알아보기 위한 탐구를 위해 투닝에서 제작한 교육용 웹툰으로 다양한 역사적 인물들을 만나보고 3-2-1 사고전략을 활용해 질문을 만들고 생각을 나누는 것으로 탐구를 시작하였습니다.

1. 투닝의 교육용 웹툰으로 역사적 인물 살펴보기

현재 투닝에는 세종대왕, 정조, 유관순 열사 등 다양한 시대별 역사적 인물들의 교육용 웹툰이 제시되어있습니다. 학생들에게 투닝의 교육용 웹툰에 나온 다양한 역사적 인물들의 웹툰을 살펴보도록 했습니다. 학생들은 투닝의 교육용 웹툰을 통해 이미 자신들이 잘 알고 있는 역사적 인물 뿐만 아니라, 새로운 역사적 인물에 대한 정보를 얻고, 인물들의 삶에 대한 관심과 흥미가 생겼습니다. 웹툰을 살펴본 후, 제일 인상깊은 역사적 인물을 한 명 정해서 생각을 나누어보는 활동을 이어갔습니다.

2. 역사적 인물에 대해 3-2-1 으로 투닝보드에서 생각 나누기

투닝보드를 활용하여 인물의 삶에 대한 3-2-1(3가지 키워드, 2가지의 질문, 1가지의 비유하기) 사고전략을 사용하여 역사적 인물을 표현해보도록 하였습니다. 비록 웹툰을 통해 간단히 살펴보는 시간이지만, 학생들은 자신의 사전 지식과 경험을 연계하여 인물에 대한 생각을 넓히고, 질문을 만들어볼 수 있는 탐구 준비시간을 가질 수 있습니다.

2. 역사 IN Tooning : 역사적 인물의 삶과 가치관 탐구

학습 목표 Ⅰ (지식 · 이해) 역사적 인물의 삶과 가치관 이해하기

(과정 · 기능) 역사적 인물의 삶을 웹툰으로 표현하기

(가치 · 태도) 역사적 인물의 삶을 자신의 삶에 비추어 성찰하는 태도 가지기

활동 소개	다양한 텍스트와 콘텐츠, 투닝 GPT를 활용하여 역사적 인물의 삶과 가치관을 탐구하고, 자신의 삶을 성찰해보며 역사적 인물의 가치를 내면화할 수 있는 활동
활동 의도	• 학생 주도적인 탐구를 통해 역사적 인물의 삶과 가치관 탐구 • 인물의 삶을 웹툰으로 표현하는 과정에서 인물이 추구하는 가치를 요약적으로 표현 • 인물의 삶과 가치관에 대한 스스로의 질문,답변과 투닝 GPT과의 비교를 통한 사고의 확장• • 자신의 삶을 성찰할 수 있는 성찰툰 제작 및 공유를 통해 개인 및 학급 전체 성찰의 기회 제공
활동 유형	• 질문 기반 탐구 • 협력적 탐구
투닝 AI	• 투닝 GPT를 활용한 역사적 인물 캐릭터와의 대화 • '글로 캐릭터 연출' , '그림으로 요소 검색' 등 AI 기능을 활용한 역사적 인물 웹툰 제작

2015 개정 교육과정	성취 기준	[6국05-06] 작품에서 얻은 깨달음을 바탕으로 하여 바람직한 삶의 가치를 내면화하는 태도를 지닌다. [6도04-02] 올바르게 산다는 것의 의미와 중요성을 알고, 자기 반성과 마음 다스리기를 통해 올바르게 살아가기 위한 능력과 실천 의지를 기른다. [6미02-03] 다양한 자료를 활용하여 아이디어와 관련된 표현 내용을 구체화할 수 있다.
	교과서 단원	6학년 1학기 국어 8. 인물의 삶을 찾아서 6학년 도덕 3. 나를 돌아보는 생활 6학년 미술(천재교육) 1-(3) 애니메이션 속으로
2022 개정 교육과정	성취 기준	[6국05-06] 작품을 읽고 자신의 삶과 연관 지어 성찰하는 태도를 지닌다. [6도01-02] 생활 습관에 대한 성찰을 통해 자기 생활을 점검하고 올바른 계획을 세워 이를 실천한다. [6미02-02] 디지털 매체 등 다양한 표현 재료와 용구를 탐색하여 작품 제작에 활용할 수 있다.

수업 세부 계획	• 다양한 텍스트와 콘텐츠를 활용하여 역사적 인물의 삶을 이해하고, 투닝 GPT를 활용하여 역사적 인물이 추구하는 가치 탐구하기 • 투닝 매직, 에디터를 활용하여 역사적 인물의 가치관이 잘 드러나는 역사 인물 웹툰 제작 • 투닝 보드를 활용하여 역사 인물 웹툰 공유를 통해 역사적 인물들의 가치관 살펴보기

	성취 기준	평가 세부 기준	배점
평가 세부 기준	역사적 인물의 삶과 가치관을 이해할 수 있는가?	역사적 인물의 삶과 관련하여 인물이 지닌 가치관을 구체적으로 이해한다.	3
		역사적 인물의 삶과 가치관을 이해한다.	2
		교사의 도움을 받아 역사적 인물의 삶과 가치관을 일부 이해한다.	1
	역사적 인물의 삶을 웹툰으로 표현할 수 있는가?	투닝 매직과 투닝 에디터를 활용하여 역사적 인물의 가치관이 잘 드러나는 인물의 삶을 표현한 웹툰을 자기주도적으로 제작한다.	3
		역사적 인물의 삶을 표현한 웹툰을 제작한다.	2
		교사와 친구의 도움으로 역사적 인물이 나타난 웹툰을 제작한다.	1
	역사적 인물의 삶을 자신의 삶에 비추어 성찰하는 태도 를 지니는가?	역사적 인물의 삶을 자신의 삶에 비추어 성찰하는 태도를 지니 고, 생활 속에서 지속적으로 실천한다.	3
		역사적 인물의 삶을 자신의 삶에 비추어 성찰하며, 실천하기 위해 노력한다.	2
		역사적 인물의 삶을 자신의 삶에 비추어 성찰하는데 어려움을 겪음.	1
		합 계	9

※ 교사는 과제 수행 시 학생 개인의 참여도 및 수행에 따라
항목당 1~2점씩 가감점을 부여할 수 있다.

Part 1. 투닝 GPT를 활용하여 역사적 인물의 삶과 가치관 탐구하기

1. 다양한 텍스트와 콘텐츠를 활용하여 역사적 인물의 삶 이해하기

역사적 인물의 삶을 이해하기 위해서는 관련 도서와 자료를 탐독할 시간이 필요합니다. 자신이 탐구하고자 하는 역사적 인물과 관련된 도서를 읽고, 인물의 삶과 관련된 기본적인 배경지식을 만들어두도록 합니다. 충분한 배경 지식이 있어야 투닝 GPT를 활용한 질문 기반 탐구를 시작할 수 있습니다.

2. 투닝 GPT를 활용하여 역사적 인물의 삶과 가치관 탐구하기

투닝 GPT를 활용한 역사적 인물 탐구 활동지

K(Know:알고 있는 것)·W(Want to know:알고 싶은 것)·L(Learned:알게 된 것) 전략을 활용하여 역사적 인물의 삶과 가치관을 탐구해보도록 합니다. 위 1번 활동에서 읽었던 자료를 통해 내가 알고 있는 것을 간단하게 키워드로 정리해보도록 합니다. 그리고 인물의 삶이나 가치관에 대해 궁금한 점을 몇 가지 질문으로 나타내어봅니다. 이때에는 사실을 확인하는 질문을 할 수도 있고, 인물의 생각을 물어보는 질문도 좋습니다.

여기에서 중요한 것은 질문을 바로 투닝 GPT에게 물어보는 것이 아니라, 학생 스스로 답변을 먼저 생각해보는 사고의 기회를 주는 것이 중요합니다. 이를 통해 인물의 생각을 미루어 짐작해볼 수 있는 추론능력이 길러지며, 자신이 생각한 답변과 투닝 GPT의 답변을 비교해보는 기회를 제공해줄 수 있습니다.

여기에서 중요한 것은 질문을 바로 투닝 GPT에게 물어보는 것이 아니라, 학생 스스로 답변을 먼저 생각해보는 사고의 기회를 주는 것이 중요합니다. 이를 통해 인물의 생각을 미루어 짐작해볼 수 있는 추론능력이 길러지며, 자신이 생각한 답변과 투닝 GPT의 답변을 비교해보는 기회를 제공해줄 수 있습니다.

투닝의 청소년 보호정책에 따라 투닝 GPT는 보호자의 지도하에 함께 활용 가능합니다. 초등학교의 경우에는 교사의 시연으로 해당 활동을 진행할 수 있습니다.

> 자신의 목숨을 걸만큼 나라를 구하는 것이 중요한가요?

안중근

당연히 그렇습니다. 나의 목숨을 걸어서라도 나라를 구하는 것이 중요합니다. 나라가 살아야만 우리 민족이 살 수 있고, 우리 민족이 살아야만 나라가 번영할 수 있습니다. 나라와 민족은 하나이며, 그 둘을 위해 헌신하는 것은 당연한 의무라고 생각합니다.

나라를 구하기 위해 목숨을 걸어야 하는 것은 애국심과 자주주의의 정신을 바탕으로 한 민족 운동가로서의 책임입니다. 우리 민족이 자유롭고 번영하기 위해서는 우리가 희생을 감수하고 투쟁해야 합니다. 나라를 위해 헌신하는 것은 단순히 개인적인 이익을 위한 것이 아니라, 더 큰 이상을 위한 희생이며, 이를 통해 우리 민족의 미래를 지키고 발전시킬 수 있습니다.

나는 안중근으로서 나라를 구하기 위해 목숨을 걸기보다 더 큰 가치를 실현하기 위해 노력하고자 합니다. 우리 민족의 자유와 번영을 위해 헌신하는 것은 나의 삶의 가치를 높이는 것이며, 이를 통해 더 나은 세상을 위해 헌신하는 민족 운동가로서의 존재가치를 실현하고자 합니다. 함께 힘을 모아 나라와 민족을 위해 투쟁합시다. 감사합니다.

투닝 GPT 안중근 캐릭터와의 대답

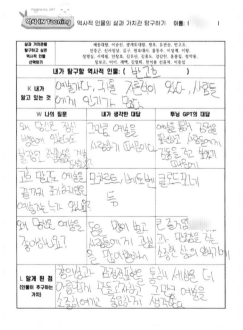
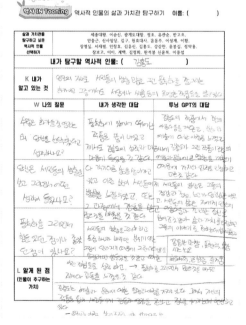

투닝 GPT를 활용한 역사적 인물 탐구 활동 결과

Part 2. 투닝 매직과 투닝 에디터를 활용하여 역사적 인물 웹툰 제작하기

1. 역사적 인물의 삶을 표현한 웹툰 제작을 위한 스토리보드 만들기

학생들이 투닝 매직, 투닝 에디터를 활용하여 바로 웹툰을 제작하기보다는 그 전에 어떤 흐름으로 웹툰을 만들 것인지 구상해보는 활동이 필요합니다. 간단한 스토리보드 활동지를 제공하여 어떤 흐름으로 컷을 구성할지 계획해볼 수 있습니다. 이를 통해 학생들이 계획한 내용에 대해 교사는 사전 피드백을 제공할 수 있으며, 학생들은 이를 반영하여 자신의 계획을 수정할 수 있습니다. 웹툰을 제작하기 시작하면 수정작업에 시간이 많이 소요되기 때문에, 이렇게 사전에 피드백을 제공하는 과정이 중요합니다.

학생들은 이렇게 스토리보드 만들기 활동을 통해 자신이 생각한 주제를 명확하게 드러내며 구체적인 계획을 활용하여 웹툰을 제작할 수 있습니다.

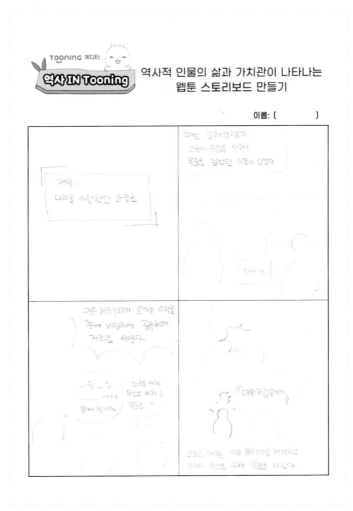

웹툰 스토리보드 만들기 활동지

2. 역사적 인물의 가치관이 드러난 웹툰 제작하기

학생들이 스토리보드를 완성했다면 이제 투닝 매직과 투닝 에디터를 활용하여 자신이 계획한 대로 웹툰을 제작하도록 합니다. 학생들이 투닝 매직과 투닝 에디터의 기본 기능을 충분히 활용하여 작업할 수 있도록 활용 가능한 주요 기능들을 안내하도록 합니다.

투닝으로 제작한 수업 안내 자료

학생들은 투닝 매직과 투닝 에디터의 기능을 활용하여 역사적 인물의 삶이 드러난 웹툰을 다음과 같이 제작할 수 있습니다.

유관순의 삶을 표현한 학생 웹툰 작품의 일부

김홍도의 삶을 표현한 학생 웹툰 작품의 일부

Part 3. 투닝보드를 통한 웹툰공유를 통해 다양한 역사적 인물의 가치관 탐구하기

완성된 웹툰은 투닝보드 공유하기 기능을 통해 쉽게 공유할 수 있습니다. 공유된 친구들의 웹툰을 살펴보면서, 내가 탐구한 인물 이외에 다른 역사적 인물들은 어떠한 삶을 살아왔고, 어떤 가치관을 지니고 있는지 살펴볼 수 있습니다.

투닝 보드 공유하기 기능을 활용한 웹툰 공유

다양한 역사적 인물들의 웹툰을 살펴보고, 인물의 삶에서 알게 된 점이나 인물이 추구하는 가치를 찾아 아래와 같이 댓글로 적어보게 하며 생각을 나누도록 합니다.

친구들이 만든 웹툰을 통해 투닝보드를 활용하여 자신의 생각 나누기

▎3. 성찰 IN Tooning : 나의 삶과 연계하여 성찰한 에세이툰 나누기　–

지금까지 투닝을 활용하여 다양한 역사적 인물의 삶과 가치관에 대해 탐구해보았습니다. 이렇게 탐구한 내용을 자신의 것으로 만들기 위해서는 배움에 대해 성찰해보는 시간을 가져야 합니다.

인물이 추구하는 가치는 나의 삶에 어떤 질문을 던지는가?

자신이 탐구한 역사적 인물이나 친구들이 탐구했던 역사적 인물들 중 한 명을 떠올려, 그 인물이 추구하는 가치, 삶의 가치관을 나에게 비추어 보았을 때 어떤 질문을 만들 수 있을지 함께 고민해보았습니다. 학생들이 생각한 질문들은 다음과 같았습니다.

> - 나는 주어진 일에 최선을 다했는가?
> - 나는 내가 원하는 것을 이루기 위해 열정을 가지고 노력했는가?
> - 나는 나와 함께 살아가고 있는 주변 사람들을 생각하며 살아왔는가?

자신의 삶에 던진 질문을 활용하여 각자 에세이툰 1컷을 제작해보도록 하였습니다. 우선 에세이툰[1]이 무엇인지 설명하고, 지금까지 익힌 투닝의 기능을 활용하여 자유롭게 1컷을 제작하도록 하였습니다

학생들이 제작한 에세이툰 일부

---

1) 에세이툰 (Essay Toon): 형식에 얽매이지 않고 자유롭게 자신의 생각을 표현한 만화

학생들은 투닝을 활용하여 에세이툰 1컷을 제작하는 과정에서 역사적 인물의 삶과 가치관이 자신의 삶에 어떤 의미를 지니는지 또 어떤 자세로 삶을 살아가야 하는지에 대해 성찰의 시간을 가질 수 있었습니다.

2022 개정 교육과정에서는 깊이 있는 학습을 강조하고 있습니다. 깊이 있는 학습을 구현하기 위해서는 교과 간 통합적 연계와 학생들의 삶의 맥락과의 연계, 그리고 배움에 대한 지속적인 성찰이 중요합니다. 이러한 과정에서 '투닝'은 굉장히 효과적인 도구가 될 수 있을 것 같습니다. 흥미를 넘어선 몰입, 그리고 이를 활용하여 의미 있는 배움까지 이어질 수 있는 유용한 도구가 될 것입니다. 테크를 위한 테크가 아닌 에듀를 위한 테크, 나아가 AI를 활용한 다양한 수업을 통해 학생들의 미래 역량을 길러주도록 지속적으로 노력해야 할 것입니다.

수업 성찰

학교현장에는 많은 에듀테크들이 홍수처럼 쏟아지고 있습니다. 이 속에서 학생들의 탐구활동과 적절히 연계하여 활용할 수 있는 툴을 잘 선택하여 학생들의 자기주도수업을 지원하는 것이 교사의 역량이자 중요한 역할이라고 생각합니다.

투닝은 교사의 수업 구성 상상력을 폭넓게 확장시켜줄 뿐만 아니라 학생들의 탐구를 무한으로 확장시켜줄 수 있는 매력적인 도구라고 생각합니다. 학생들은 투닝을 활용하여 탐구에 몰입하게 되었고, 자신의 사고과정을 투닝을 통해 표현하면서 역사적 인물의 삶과 가치관 탐구, 더 나아가 자신을 성찰해보는 시간까지 가지게 되었습니다. 앞으로 투닝을 활용한 다양한 수업이 기대가 되며, 에듀를 위한 테크 활용이 될 수 있도록 더욱 연구해보아야겠습니다.

김유리(율쌤) "삶과 삶을 잇고, 미래의 방향을 찾을 수 있는 수업"

약력 에듀테크 교사 연구회 부대표
교육부 교실혁명 선도교사
대구시교육청 초등 사회과 수업연구교사

SNS Insta : @yulssam.log
Blog : https://blog.naver.com/yul-ssam
Youtube : 율쌤TV

투닝 GPT로
미래의 나를 만나보다

에듀테크 교사 연구회 대외협력팀 / 초등학교 교사 이소영

이소영

"투닝과 같이 교육적 활용도가 높은 에듀테크
서비스를 발굴하여 선생님들께 소개하고 싶어요"

약력

에듀테크 교사 연구회 대외협력팀
서울시교육청 AI·에듀테크 선도교사
교육부 교실혁명 선도교사

투닝을 활용한 수업 진행

학생들이 서로 기능을 가르쳐주고 있는 모습

수많은 에듀테크 서비스가 우후죽순처럼 등장하고 있습니다. 관련 연수에서 서비스를 체험하고 "신기하다", "수업에 활용해 보면 좋겠다" 생각만으로 그치고 실제 적용하지 못하는 경우를 보면 안타깝습니다. 그래서 저는 일회성이 아닌, 다양한 주제로 교육적 활용도가 높은 에듀테크 서비스를 발굴하여 선생님들께 소개하고자 합니다.

제가 보드게임에 관심이 많아 보드게임을 예로 들어 설명해보겠습니다. 보드게임에서는 좋은 게임을 판단하는 기준 중에 하나가 바로 리플레이성입니다. 사람들이 그 게임을 얼마나 자주 찾느냐가 좋은 게임의 척도인 셈이죠. 에듀테크도 마찬가지라 생각합니다. 많은 학생들, 선생님들이 찾는 교육적 활용도가 높은 에듀테크 서비스가 좋은 교육도구라고 생각합니다. 배우는 학생들도, 지도하시는 선생님들도 자주 찾게 되는 수업 도구에는 그만한 이유가 있습니다. 저에게 투닝이 그렇습니다. 초창기의 투닝을 접한 선생님들이 비교적 최신 기능인 투닝GPT, 투닝보드 등 다양한 기능을 보고 놀라고 계십니다. 투닝은 지속적인 모니터링과 현장 선생님들의 피드백으로 계속해서 기능이 업데이트 되고 있습니다.

처음 에듀테크 서비스를 배울 때, 학습 시간이 꽤 소요되기 때문에 2차시 이상은 계획해야 합니다. 먼저, 어떤 서비스인지 소개합니다. 다음으로 회원가입, 로그인, 기능 익히기 등의 과정에서 학생들은 도움이 필요합니다. 교사의 지도뿐만 아니라 서로 가르치기 활동을 통해 기능을 익힐 수 있습니다.

▎1. Toon-ON : 투닝 AI로 만나는 미래의 나

나와 같은 MBTI 유형의 챗봇과 대화하는 장면

"선생님은 T이신 것 같아요." 아픔을 호소하는 학생에게 어디가 아픈지 묻고는 보건실을 다녀오는 것이 좋겠다고 이야기했더니 들은 말입니다. 요즘 남녀노소 불문하고 MBTI에 대한 관심이 높습니다. 투닝 GPT에서는 이러한 트렌드를 반영하여 자기 자신과 동일한 MBTI 유형의 챗봇을 생성할 수 있습니다.

절차는 간단합니다. 우선, 이름(닉네임)과 모습을 설정해봅니다. 꼭 실명일 필요는 없습니다. 종류가 아주 다양하지 않지만 외형도 여러 선택지 중에 고를 수 있습니다. 다음으로, MBTI 관련 질문 네 가지를 답변합니다. 물론, 일반적인 MBTI 검사에서 상당히 축약된 형태입니다. 내가 관심 있는 직업을 최대 3가지까지 선택하면, 미래의 내 모습을 캐릭터로 만들어 대화해볼 수 있습니다.

미래의 내 모습을 인터뷰해볼 수 있는 귀중한 기회입니다. 어떤 질문을 해보는 것이 좋을지 고민해보고, 친구들과 질문을 공유하는 시간을 가져봅니다. 좋은 질문이 무엇일지 생각해보고, 원하는 답변을 얻기 위한 질문 전략을 탐색해봅니다.

▎2. Toon-ING : 투닝 AI를 활용한 나의 미래 자서전'툰' 프로젝트 수업   —

학습 목표 ▎ 목표 1 투닝 GPT를 활용해 미래의 나와 대화하기

목표 2 투닝 매직을 활용해 미래 사회의 모습 생성하기

목표 3 투닝 에디터를 활용해 나의 미래 자서전'툰' 제작하기

활동 소개	투닝 AI를 활용하여 나의 미래 자서전툰 만들기	
활동 의도	• 미래 사회의 특징을 알아보고, 미래 사회에 각광받는 진로를 탐색해본다. • 디지털 매체인 투닝(Tooning)을 활용하여 나의 미래 자서전 웹툰을 제작한다.	
활동 유형	• 생성형AI 활용을 위한 적절한 질문(프롬프트) 탐구하기 • 태블릿 PC를 활용한 실습	
투닝 AI	• 투닝 GPT를 활용하여 미래의 나와 다양한 직업을 대상으로 인터뷰하기 • 투닝 매직을 활용하여 미래 사회의 이미지 생성하기 • 투닝 에디터의 AI 기능을 활용하여 웹툰 제작하기	
2015 개정 교육과정	성취 기준	[6국03-02] 목적이나 주제에 따라 알맞은 내용과 매체를 선정하여 글을 쓴다. [6미01-04] 이미지를 활용하여 자신의 느낌과 생각을 전달할 수 있다.
	교과서 단원	(국어) 6학년 2학기 1단원 작품 속 인물과 나 (미술) 6학년 2학기 3단원 미술로 하나되기 (지학사 기준, 출판사별 상이)
2022 개정 교육과정	성취 기준	[6국06-03] 적합한 양식과 수용자의 반응을 고려하여 복합양식 매체 자료를 제작하고 공유한다. [6미02-02] 디지털 매체 등 다양한 표현 재료와 용구를 탐색하여 작품 제작에 활용할 수 있다.
수업 세부 계획	• 계획 1. 투닝 GPT를 활용해 미래의 나를 인터뷰하기 • 계획 2. 투닝 매직을 활용해 미래 사회의 이미지 생성하기 • 계획 3. 투닝 에디터를 활용해 나의 미래 자서전 '툰' 제작하기	

미래의 내 모습을 자서전으로 표현하기에 앞서, 먼저 현재 나의 모습을 살펴봅니다. 내가 무엇을 좋아하고, 무엇을 잘하는지 떠올려 봅니다. 사소한 것도 좋습니다. 구체적으로 쓰도록 지도합니다. 예를 들어 '운동'보다는 공 던지고 받기, 50m 달리기 등 사세하고 구체적으로 써 봅니다.

자신에 대해 잘 알고 있는 학생도 있지만, 자신이 무엇을 좋아하고 잘하는지 잘 알지 못하는 학생도 있습니다. 친구가 무엇을 좋아하고 잘하는지 서로 찾아주는 활동을 실시합니다. 친구가 좋아하고 잘하는 것을 알려주는 동시에, 친구를 칭찬해줄 수 있는 일석이조 활동입니다. 마찬가지로 칭찬은 구체적으로 해줄수록 좋습니다. 예를 들어 'OO아, 넌 착해'라는 말보다는 'OO아, 넌 다른 친구를 잘 도와줘'라고 표현해주는 것이 좋습니다.

자신의 장점 찾기 활동

친구의 장점 찾아주기 활동

소영쌤의 활동 Tip!

창의적 체험활동 중 진로활동과 연계하여 지도할 수 있는 차시입니다. 학생 자신의 흥미와 적성을 탐색할 수 있도록 지도합니다. 모둠 대형으로 둘러 앉아 포스트잇을 활용하여 친구의 장점 찾기 활동을 실시했습니다. 널리 알려진 칭찬 샤워 등 다양한 활동으로 변형하여 진행할 수 있습니다.

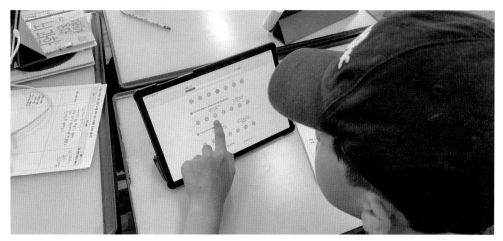

주니어 커리어넷 고학년 진로흥미탐색 검사

다음으로, 진로흥미탐색을 회원가입 없이 간단하게 실시할 수 있는 웹사이트가 있습니다. 바로 주니어 커리어넷입니다. 저학년 진로탐색과 고학년 진로탐색이 있으니 적절한 학년을 골라 실시하면 됩니다. 여기에서는 고학년 (5~6학년) 학생을 기준으로 설명하겠습니다. 나를 알아보아요 > 고학년 진로흥미탐색에서 48가지 질문에 응답하면 여섯 가지 흥미 유형(Holland의 직업 흥미유형) 중 어떤 흥미 유형이 높고 낮은지를 알 수 있습니다.

자신의 진로흥미를 탐색한 다음에는 미래 직업에 대해 알아봅니다. 미래 직업에 관한 자료를 조사하는 방법은 여러 가지가 있습니다. 첫째, 관련 주제의 도서를 대여하여 찾아보는 방법입니다. 둘째, 인터넷 사이트를 활용하여 찾아보는 방법입니다. 진로 정보 관련 대표적인 사이트인 주니어 커리어넷에서 다양한 미래 직업 정보를 살펴볼 수 있습니다. 셋째, 생성형 AI인 투닝 GPT를 활용하여 미래 직업에 대한 자료를 조사해 봅니다. 인터뷰 대상(진로 선생님 등)을 정하고, 미래 직업에 대해 인터뷰합니다.

학생들이 직접 다양한 방식으로 미래 직업에 대한 자료를 조사해보고, 각각의 장단점을 파악해볼 수 있습니다. 이때, 생성형AI의 장점과 그 한계에 대해 생각해 볼 기회를 제공합니다.

미래 사회, 미래 직업 관련 도서를 도서관에서 대출하여
자료를 조사하기

생성형 AI인 투닝 GPT를 활용하여
미래 사회 직업에 대해 조사하기

진로 선생님

이완용은 대한민국의 독립운동가로서 중요한 역할을 한 인물로 평가받고 있습니다. 그의 역사적 평가는 크게 긍정적이며, 그의 독립운동 활동과 희생은 대한민국의 광복과 자주를 위한 투쟁에서 중요한 의미를 지니고 있습니다.

이완용은 조선총독부에 대한 저항과 독립을 위한 활동으로 많은 사람들의 지지와 존경을 받았습니다. 그는 독립운동가로서 열정적이고 헌신적인 모습을 보여주었으며, 임시정부 수립과 광복운동을 주도하여 대한민국의 독립을 위해 헌신했습니다.

또한, 이완용은 정치인으로서도 활약하여 대한민국 임시정부 내무부장, 부총리 등의 중요한 직책을 맡아 독립운동과 광복운동을 이끌었습니다. 그의 외교 능력과 뛰어난 지도력은 독립운동의 성공에 기여했으며, 그의 희생과 투쟁은 대한민국의 독립과 광복을 이루는 데 중요한 역할을 하였습니다.

이완용은 대한민국 역사상 중요한 인물로 평가되며, 그의 희생과 투쟁은 대한민국 국민들에게 큰 영감과 용기를 주고 있습니다. 그의 역사적 가치와 공헌은 대한민국의 독립과 자주를 위한 투쟁에서 중요한 역할을 한 것으로 평가되고 있습니다.

역사적 인물에 대한 평가를 물어볼 때,
일반적으로 알고 있는 답을 얻기 어려울 수 있다.

투닝의 주요 기능 중 하나가 투닝 GPT입니다. 생성형 AI인 투닝 GPT를 사용하다 보면 실제로 존재하지 않거나 사실이 아닌 정보를 생성하는 현상인 할루시네이션(Hallucination)이 발생하기도 합니다. 이러한 현상이 생기는 원인은 생성형 AI의 학습부족이나 정보 오류 때문입니다. 따라서 생성형 AI의 한계에 대해 알고, 생성형 AI를 그대로 믿고 사용하는 것은 위험할 수 있음을 인지할 수 있도록 지도합니다.

교육청에서 제시하는 생성형 AI 사용연령 제한 지침을 준수하여 만 13세 미만의 학생을 대상으로 생성형 AI를 지도할 때는 보호자의 사전 동의서를 받고, 제한적인 형태로 수업에 활용할 필요가 있습니다. 학생들이 호기심으로 부적절한 질문을 하지 않도록 사전 지도가 필요합니다. 디지털 시민성과 디지털 윤리를 강조한다면, 수업에 충분히 활용할 수 있습니다. 이때, 투닝 GPT의 장점이 빛을 발합니다. 투닝 GPT를 활용하면 역사적 인물이나 특정 직업을 대상으로 인터뷰를 실시하는 상황을 설정하여 질문할 수 있습니다. 실제 인터뷰하듯 예의 바른 질문을 할 수 있도록 지도할 수 있습니다. 만약, 학생들이 직접 질문하기에 부적합하다 판단되시면, 선생님께서 학생들의 질문을 모아서 대표 질문을 실시해도 좋습니다.

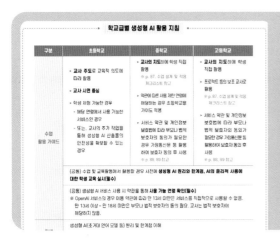

소영쌤의 활동 Tip! 생성형 AI 지도

생성형 AI 활용 수업을 위해서는 사전에 선생님께서 소속된 각 시·도교육청별 사용 지침을 확인해보시고, 만 13세 미만의 학생의 보호자를 대상으로 사전 동의를 받은 후에 지도합니다. 수업 이후에도 윤리적으로 사용을 실천할 수 있도록 교사의 지도가 필요합니다.

참고 : 서울시교육청 학교급별 생성형 AI 활용 지침
(2024.08.29. 기준)

진로 선생님

안녕하세요, 이소영 님! 😊 무엇이 궁금하신가요?

왜 직업을 갖고 일을 해야 하나요?

적성검사 결과와 다른 학과에 진학하고 싶어요. 어느 쪽으로 선택해야 할까요?

웹툰 작가가 되기 위한 역량은 무엇인가요?

인물(캐릭터)을 처음 고르면 예시 질문이 제공된다. 클릭 시 바로 질문을 할 수 있다.

투닝 GPT를 활용하여 질문할 때에는 질문 목적에 맞는 인터뷰 대상(캐릭터)을 선정하여 인터뷰를 실시합니다. 먼저, 특정 분야의 정보를 얻기 위해 적절한 인터뷰 대상(캐릭터)을 찾아봅니다. 가령, 미래에 유망한 직업에 대한 정보를 얻기 위해서는 진로 선생님께 인터뷰를 할 수 있습니다.

선생님 안녕하세요. 20년 뒤 미래 제 모습을 주제로 자서전 웹툰을 제작하고 싶습니다. 빅데이터 분석가 직업을 주제로 8컷 만화의 시나리오를 써주시면 감사하겠습니다.

스토리 작가

안녕하세요, 선생님. 20년 뒤 미래의 자신을 주인공으로 한 자서전 웹툰이라니 정말 흥미로운 주제네요! 빅데이터 분석가로서의 직업을 중심으로 한 8컷 만화의 시나리오를 다음과 같이 구성해 보았습니다.

시놉시스

20년 뒤, 미래의 나는 빅데이터 분석가로서 다양한 데이터로 세상을 변화시키고 있습니다. 이 만화는 하루 일과를 통해 빅데이터 분석가로서의 삶과 그 성취를 보여줍니다.

8컷 만화 시나리오

1컷: 미래의 나

컷 내용: 미래의 나는 컴퓨터 앞에서 데이터 분석을 하고 있는 모습. 주변에는 최신 기술과 데이터 시각화 도구들이 가득하다.

대사/내레이션:

일일 무료 횟수 45 / 50 ⟳

"내레이션: "2044년 나는 빅데이터 분석가가 되어 ∨∨∨∨ 수집하고 있습니다."

스토리 작가(캐릭터)의 도움을 받아 웹툰의 내용을 구상할 수 있다.

다음으로, 웹툰 이야기를 구상하는데 어려움이 있다면 어떤 인물에게 인터뷰를 요청할 지 생각해봅니다. 가령, 스토리 작가께 웹툰의 주제를 설명하고 도움을 받을 수 있습니다. 자세히 말씀드릴수록 도움되는 답변을 얻을 수 있습니다. 몇 컷 만화를 그리는지, 주제는 무엇인지, 어디를 배경으로 펼쳐지는 이야기인지 상세하게 질문합니다.

소영쌤의 활동 Tip!

투닝 GPT에서 질문을 한 뒤, 왼쪽의 그림과 같이 응답대기 중인 경우가 발생하기도 합니다. 화면을 새로고침 하거나, 새로고침이 어려운 경우에 화면에 보이는 다른 탭(투닝 매직 등)을 선택했다가 다시 돌아오면 정상 작동합니다.

내부에서 바라본 미래 교통수단

외부에서 바라본 미래 교통수단

투닝의 또 다른 기능 중 하나인 투닝 매직을 활용한다면 웹툰을 제작할 때 풍부한 표현이 가능합니다. 투닝 매직으로 생성한 이미지를 다운받아 투닝 에디터에 업로드할 수 있습니다. 투닝 에디터만으로는 얻기 어려운 이미지를 투닝 매직을 활용해 만들어 낼 수 있습니다. 예를 들어, 미래 사회의 이미지를 생성하여 웹툰의 배경으로 활용할 수 있습니다.

투닝 매직을 활용할 때는 자세하고 구체적인 표현을 입력할수록 사용자가 원하는 이미지를 얻기에 용이합니다. 처음에 원하는 이미지를 얻지 못하였어도, 표현을 계속해서 수정하다 보면 원하는 이미지와 가깝거나 생각지 못했던 새로운 결과물을 발견하는 즐거움을 얻을 수 있습니다. 시점으로 설명해보겠습니다. 예를 들어, 외부에서 구조물 내부를 바라보는 시점을 그릴 것인지, 내부에서 외부를 바라보는 시점으로 그릴 것인지를 생각해볼 수 있습니다.

소영쌤의 활동 Tip!

투닝 매직에서는 글로 그림을 생성하는 방법과 이미지로 그림을 생성하는 2가지 방법이 있습니다.

글로 생성하는 경우, 다양한 세부 설정(화풍, 생성 장수, 이미지 방향 및 비율, 제외 단어, 생성 단계 등)을 변화하여 원하는 이미지를 얻을 수 있습니다. 하루에 생성 가능 장수를 소진하더라도 다음날에 충전되니 이를 고려하여 활용하면 되겠습니다. 또 요금제별 1일 이용 가능 횟수에 차이가 있습니다.

이미지로 그림을 생성하는 경우에는 기존의 이미지를 업로드하거나, 그림을 직접 그려서 생성할 수 있습니다.

투닝의 기능 중 하나인 '투닝 보드'를 활용하면 학생들은 자신의 작품을 다른 친구들과 함께 공유할 수 있습니다. 한 번 링크를 공유했다면, 이후에 작품을 수정하더라도 다시 공유할 필요가 없이 자동으로 업데이트 됩니다.(다만, 새롭게 작품을 제작하면 다시 공유해야 합니다.) 학생들은 친구들의 작품을 감상하고, 좋아요와 댓글 달기를 할 수 있습니다.

'폴더에 사본보내기' 기능을 활용하면 학생의 작품을 수합하여 출력하기 용이합니다. 선생님께서 폴더를 사전에 생성하고, '숫자@숫자' 형태의 폴더 코드를 학생들에게 공유합니다. 학생들은 해당 코드를 입력하여 최종 완성된 작품을 공유합니다. 이때, 폴더에서 받은 학생의 작품의 사본은 수정도 가능합니다. 학생의 작품은 출력하여 교실이나 복도 등에 게시할 수 있습니다.

투닝 보드를 활용하면 학생들이 작품을 감상하고, 상호평가가 가능하다.   폴더 공유를 통해 받은 결과물은 편집도 가능하다.

소영쌤의 활동 Tip! 학생 작품의 완성도 높이기

투닝의 기능을 지도한 다음 학생들이 자유롭게 만들도록 지도하면, 결과물이 다소 실망스러울 수도 있습니다. 완성도 높은 투닝의 교육용 웹툰을 예시 작품으로 제시하고, 웹툰의 기본 요소(인물의 표정과 동작, 말풍선, 배경, 소품 등)를 설명합니다. 학생이 자신의 작품을 점검하고, 수정하여 완성도를 높일 수 있도록 교사가 지속적으로 개별 피드백을 제공하면, 더욱 좋은 결과물을 얻을 수 있습니다. 작품의 제목, 웹툰의 표지, 해당 수업 관련 포함해야 할 학습내용 제시 등 완성도를 높이기 위한 조언을 제공합니다.

▌3. Toon-OFF : 투닝 AI 수업의 활용도에 관하여

바야흐로, 디지털 대전환(DX)시대에 다양한 에듀테크 서비스 중 하나로 투닝(Tooning)을 활용한 수업 방법을 소개했습니다. 제가 에듀테크 도구를 활용한 수업을 설계할 때 고민하는 점 중 하나는, 왜 그 에듀테크 도구여야만 하느냐입니다. 저는 많은 에듀테크 중에서 **투닝(Tooning)**만이 가진 교육적인 차별성이 있기에 수업도구로 선정하여 수업 방법을 소개했습니다.

투닝의 장점은 첫째, 교육적 활용성이 높습니다. 투닝의 기본 기능을 한번 학습하면 전교과의 다양한 주제에 적용하여 수업 설계가 가능합니다. 한 번 배우고 다음에는 쓰지 않는 일회성이 아니라 여러 차례 지도가 가능합니다. 처음 기능을 한 번 지도한 다음에는 학생들이 스스로 작품을 제작할 수 있습니다. 둘째, 안전하게 생성형 AI 지도가 가능합니다. 생성형 AI를 지도할 때는 사용연령 제한 지침을 준수해야 합니다. 생성형 AI가 역사적 인물이나 직업(캐릭터)으로 구현되어 있어 학생들이 직접 인터뷰하는 상황을 제시하여 안전하고 제한된 형태의 생성형 AI의 지도가 가능합니다. 셋째, 학생의 작품을 관리하고 평가하기에 편리합니다. 학생의 작품을 투닝 보드로 공유하여 학생 간 상호평가가 가능합니다. 폴더 공유 기능을 통해 학생의 작업물을 출력하고 관리하기에 용이합니다.

에듀테크는 수업의 도구입니다. 교육 의도에 맞게 교육과정과 연계하여 지도한다면 원하는 수업목적을 달성할 수 있으리라 믿습니다. 투닝과 함께 즐겁고 유익한 수업이 되시길 바랍니다.

이소영 *"투닝과 같이 교육적 활용도가 높은 에듀테크 서비스를 발굴하여 선생님들께 소개하고 싶어요"*

약력 에듀테크 교사 연구회 대외협력팀
서울시교육청 AI·에듀테크 선도교사
교육부 교실혁명 선도교사

투닝 GPT로
직업 인터뷰 및 직업 소개 웹툰 만들기

에듀테크 교사 연구회 대외협력팀장 / 초등학교 교사 이재영

이재영 (JY)

"학생의 흥미를 높여주고 수업에 도움이 되는 에듀테크 도구들을 활용해봅시다"

약력

2024 교육부 교실혁명 선도교사

2024 에듀테크 교사 연구회 대외협력팀장

2024 서울시교육청 AI 에듀테크 선도교사

▎1. Toon-on : 투닝 GPT로 초등학교에서 생성형 AI 활용 수업

생성형 AI 활용 수업에 있어 초등학교의 지침은 크게 3가지입니다. 첫째 교사 주도로 교육적 의도에 따라 활용해야
합니다. 둘째, 교사 시연 중심으로 해야 합니다. 셋째, 학생 체험이 가능한 경우는 해당 연령에서 사용 가능한 서비
스일 때와 교사의 추가 작업을 통해 생성형 AI 산출물의 안전성 확보가 될 때 입니다. 그리고 반드시 수업 전 학부모
의 동의를 받고 생성형 AI 원리와 한계점을 알고 AI의 윤리적 사용에 대한 학생 교육이 필수로 진행되어야 합니다.

따라서 초등학교에서는 교사의 시연 중심으로 사용하며, 학습지를 활용해 학생들과 생성형 AI에게 물어볼 질문을 적어보고 생성형 AI를 활용하기 전 미리 교사의 모니터링을 통해 질문들을 제한적으로 활용하여 수업하는 것이 바람직합니다.

투닝 GPT의 경우 학교 요금제를 사용하면 교사가 학생 모니터링 기능을 통해 학생이 어떤 질문을 했는지 확인할 수 있어 교육에 특화된 기능을 제공하고 있습니다.

직업 소개 웹툰 만들기 학습지 : 투닝 GPT 사용 전 사전 질문을
학생이 적어보고 교사가 모니터링한다.

Ⅰ 2. Toon-ing : 투닝 GPT · 에디터 · 매직 · 보드 활용

학습 목표 Ⅰ 목표 1 생활 속 다양한 직업을 찾을 수 있다.

목표 2 직업이 하는 일을 설명할 수 있다.

목표 3 직업을 소개하는 웹툰을 그릴 수 있다.

활동 소개	창의적 체험활동 중 진로 활동과 실과의 진로교육을 통합하여 생활 속 일과 직업의 세계를 이해하고 직업이 하는 일을 알아보고 직업을 소개하는 활동	
활동 의도	• 투닝 GPT를 활용하여 다양한 직업의 인물을 인터뷰하고 직업의 하는 일을 알아봄. • 인터뷰하여 얻게 된 내용을 정리하여 투닝 에디터 및 투닝 매직을 활용하여 직업 소개 웹툰을 만들어 봄	
활동 유형	• 전체학습 (직업 소개를 위한 직업 인터뷰 방법을 알아보고 질문 만들기) • 개별학습 (교사의 모니터링을 거친 사전 질문을 투닝 GPT의 인물들에게 해보고 내용을 정리하여 직업 소개 웹툰 제작) • 전체학습(투닝 보드에 올린 친구들의 작품을 보고 알게 된 점을 발표)	
투닝 AI	• 투닝 GPT, 투닝 에디터, 투닝 매직, 투닝 보드를 활용한 에듀테크 수업	
2015 개정 교육과정	성취 기준	[6실05-01] 일과 직업의 의미와 중요성을 이해한다. [2015-EⅡ 1.2.1] 생활 속의 다양한 직업을 찾아보고 각 직업이 하는 일을 설명할 수 있다.
	교과서 단원	5학년 실과 진로 단원 및 창의적 체험활동 진로교육
2022 개정 교육과정	성취 기준	[6실01-07] 직업의 필요성을 이해하고 적성, 흥미, 성격에 따라 진로 발달 계획을 세우고 주도적으로 탐색한다.
	교과서 단원	5학년 실과 진로 단원 및 창의적 체험활동 진로교육
수업 세부 계획	• 계획 1 투닝 GPT를 활용해 다양한 직업 인터뷰하기 • 계획 2 투닝 에디터와 투닝 매직을 활용한 직업 소개 웹툰 제작하기 • 계획 3 투닝 보드 활용 및 웹툰 공유를 통해 여러 직업 탐구하고 공유하기	

정은유 학생은 뷰티디자이너 직업을 선택하여 질문을 주고 받았습니다. 은유의 첫 번째 질문은 "뷰티디자이너는 어떤 일을 하나요?"였습니다. 또한 "이 직업을 위해 필요한 기술이나 지식은 무엇인가요?", "뷰티디자이너가 되기 위한 자격은 무엇인가요?", "어떤 태도가 중요한가요?", "잡티나 점을 가리는 메이크업은 무엇인가요?"등 직업과 관련하여 궁금한 다양한 내용들을 물어보고 대화를 나눠봤습니다.

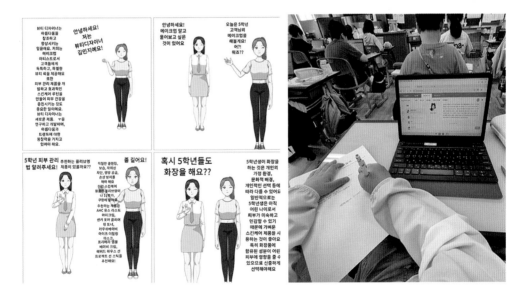

투닝 GPT로 수업하기 전 학생들은 미리 직업 인터뷰 질문을 작성했습니다. 기본 몇 가지의 질문이 적힌 학습지를 나눠주고 학생들은 추가로 사전 질문을 작성했습니다. 사전 질문에 대한 발표해보고 그 질문의 의도와 올바른 질문인지 확인 후 교사의 모니터링을 통과한 질문들을 투닝 GPT 캐릭터에 물어봤습니다.

투닝의 가장 기본적이며 재미있는 기능은 투닝 에디터입니다. '스토리텔링 콘텐츠를 AI로 누구나 쉽게' 라는 투닝의 슬로건대로 학생들은 앞서 투닝 GPT로 알아본 직업에 대해 소개하는 웹툰을 만들어봅니다. 투닝 에디터의 기본적인 메뉴는 템플릿, 캐릭터, 텍스트, 말풍선, 요소, 효과, 배경, 사진, 업로드, 드로잉, 내 보관함으로 구성되어 있으며 직접 눌러보면서 어떤 기능인지 학생들과 한번 씩 확인을 해봅니다.

캐릭터 메뉴에서 내가 원하는 캐릭터를 선택하면 캔버스에 캐릭터가 나타납니다. 캐릭터를 클릭하면 정면, 측면, 후면, 얼굴, 자세라는 추가 메뉴가 나옵니다. 한번 씩 학생들과 눌러보며 어떤 기능들이 있는지 확인을 합니다. 투닝 매직에서 만들어진 이미지들은 내 보관함 메뉴에서 불러올 수 있고 텍스트와 말풍선을 추가하여 웹툰을 만들 수 있습니다.

박규나 학생은 투닝 GPT 수의사 캐릭터에게 얻은 답변을 바탕으로 수의사 직업에 대한 소개와 수의사에게 필요한 능력은 무엇이 있는지를 소개하는 웹툰을 만들었습니다. 김율아 학생은 생방송 전문가 캐릭터를 인터뷰한 내용으로 생방송 전문가에게 필요한 능력과 일상을 소개하는 웹툰을 만들었습니다. 애니메이션 그리기가 취미인 권준형 학생은 웹툰작가와 스토리작가에 대한 인터뷰를 하여 대화를 통해 각자의 직업을 소개하는 웹툰을 그렸습니다.

투닝 매직을 활용하여 예술과 AI가 만날 수 있는 기능을 학생들이 활용했습니다. 생성형 AI 기능을 사용하는 것이라 사용 전 학습지를 활용하여 학생들이 사전에 투닝 매직 '글로 생성'에 적을 문장을 적었습니다.

투닝 GPT로 알아본 직업에 대해 정리한 내용을 바탕으로 학생들은 웹툰 스토리를 미리 구상했습니다. 그리고 필요한 웹툰 컷을 얻기 위해 어떤 문장을 작성하여 이미지를 생성할지 적어보고 투닝 매직에서 제공하는 다양한 미술가들의 화풍과 스타일을 중 어떤 것을 적용해볼지 선택했습니다.

최가람 학생은 웹툰작가 직업을 소개하는 웹툰을 만들기 위해 투닝 매직을 사용하여 '웹툰 작가의 하루'라는 제목으로 웹툰 작가의 하루를 그렸습니다. 박수환 학생은 평소 좋아하는 야구선수의 멋진 장면을 투닝 매직의 글로 생성 기능을 이용하여 피카소, 모네 등 여러 화풍과 스타일을 적용한 작품을 완성했습니다. 정시원 학생은 학급에서 투닝을 자주 활용하여 학교폭력예방 공모전, 안전교육 카드뉴스 만들기 등 다양한 웹툰을 그린 학생으로 배우, 축구선수, 웹툰작가의 순간을 포착한 다양한 직업 소개 웹툰을 투닝 매직을 활용하여 표현했습니다.

투닝 보드를 활용하면 실시간으로 주제별, 학생별 작업을 모아 정리할 수 있습니다. 좋아요와 댓글을 활용하여 쉽고 빠른 개인별 피드백도 가능합니다. 또한 투닝 에디터에서 만든 작업물을 편하게 공유할 수 있어 활용도가 높습니다. 투닝 에디터 우측 공유 아이콘을 클릭하면 투닝 보드에 공유하기 버튼이 있고 선생님이 만든 보드 코드를 입력하면 학생들은 미리 만들어진 자신의 이름을 선택하여 작품을 쉽게 업로드 할 수 있습니다. 그리고 한 번 업로드 된 보드는 자동으로 다음에도 올릴 수 있어 편리합니다.

학생들이 투닝 에디터와 투닝 매직으로 완성한 직업 소개 웹툰을 업로드 합니다. 서로의 작품을 감상하고 좋아요와 칭찬 댓글을 통해 다양한 직업에 대해 알아보고 서로의 생각과 느낀점을 공유합니다.

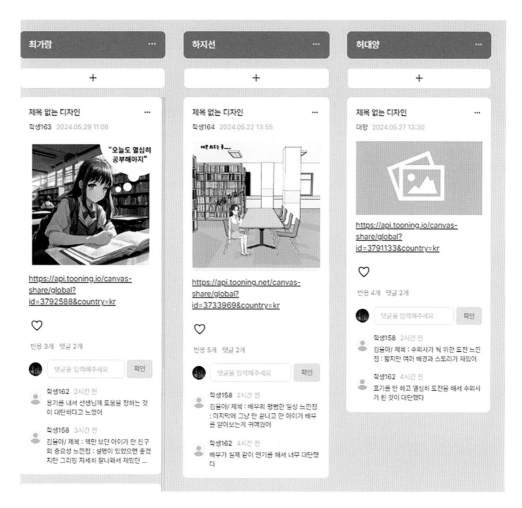

학생들의 웹툰 작품을 출력하고 싶다면 투닝 보드에 공유된 학생의 작품을 복제&편집 기능으로 가져와야 합니다. 이를 위해 학생이 투닝 보드에 작품을 공유할 때 투닝에디터 - 나의 작업에 있는 작품 우측 상단 추가 메뉴를 클릭 - 링크 공유에서 공유 설정을 복제 가능으로 변경하면 됩니다.

지도 학생 인터뷰 및 소감

서울당현초 5학년 이예훈 학생

Q) 투닝 사용이 어떤 도움이 되었나요?

A) 투닝 매직에 글을 작성하여 여러 가지 스타일의 그림을 볼 수 있어 신기했습니다.

Q) 투닝을 사용하면서 재미있던 점은 무엇인가요?

A) 투닝 GPT에서 주인공 이름 추천, 이야기 추천 기능과 여러 가지 직업과 위인들과 대화를 나눌 수 있어 좋았습니다. 투닝 사랑해요!!

서울당현초 5학년 김율아 학생

Q) 투닝 사용이 어떤 도움이 되었나요?

A) 투닝 GPT로 쉽고 재미있게 대화를 나눌 수 있었습니다. 여러 AI 기능이 있어서 누구나 사용 가능해서 좋았습니다.

Q) 투닝을 사용하면서 재미있던 점은 무엇인가요?

A) 캐릭터와 이야기를 나눌 수 있었던 점입니다. 투닝 에디터로 웹툰을 쉽고 재미있게 만들 수 있었습니다.

서울당현초 5학년 박규나 학생

Q) 투닝 사용이 어떤 도움이 되었나요?

A) 투닝 매직으로 내가 만들지 못했던 그림도 그려주고, 투닝 GPT로 AI와 소통할 수 있어서 좋았습니다.

Q) 투닝을 사용하면서 재미있던 점은 무엇인가요?

A) 직업 인터뷰 활동을 할때 캐릭터에게 궁금한 점을 물어보면 잘 알려주었습니다. 신기하고 재미있는 앱인 것 같습니다.

▎3. Toon-off : 투닝 AI로 살펴 본 직업과 내 미래의 직업 연결 짓기

학생들은 직업 인터뷰를 하고 다른 친구들의 직업소개 웹툰을 보며 생활 속의 다양한 직업을 찾아보고 직업이 하는 일, 필요한 기술이나 지식, 직업의 보람과 힘든 점 등을 알아보았습니다. 마지막으로 투닝 GPT의 캐릭터 만들기 기능을 활용하여 각자의 적성, 흥미, 성격에 따른 관심 있는 직업 캐릭터를 만들었습니다. 캐릭터의 이름, 직업, 성격을 정하여 내 미래의 직업을 연결 지어보는 활동을 했습니다. 내가 만든 직업의 캐릭터에게 할 질문 내용을 학습지에 작성 및 발표해보고 그 질문의 의도와 올바른 질문인지 확인 후 교사의 모니터링을 통과하면 캐릭터에게 질문할 수 있도록 했습니다.

투닝 GPT, 에디터, 매직, 보드를 활용한 수업은 다양한 주제에 적용할 수 있으며 학생들은 여러 기능을 활용하여 자료 수집, 활용, 정리를 바탕으로 글쓰기, 그림 그리기 등을 통해 자신의 생각과 감정을 표현할 수 있습니다.

이재영 *"학생의 흥미를 높여주고 수업에 도움이 되는 에듀테크 도구들을 활용해봅시다"*

약력 에듀테크 교사 연구회 대외협력팀장
교육부 교실혁명 선도교사
서울시교육청 AI 에듀테크 선도교사

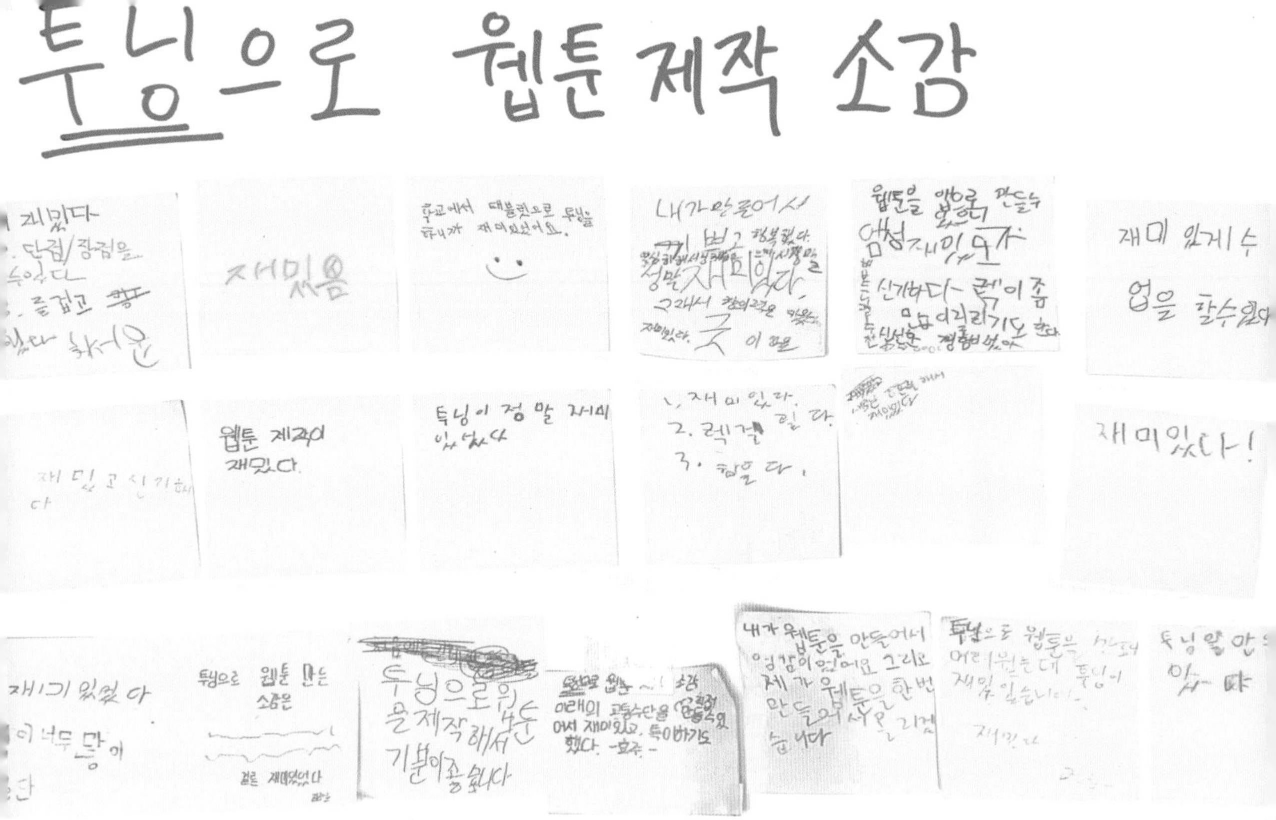

투닝으로 웹툰 제작 소감

투닝 GPT로
교통과 통신수단의 변화 그려보기

에듀테크 교사 연구회 콘텐츠제작팀 / 초등학교 교사 임우균

강의 목차

1. **투닝 GPT를 활용한 용어 이해** : 용어 ('교통수단', '통신수단' 등)
2. **투닝과 떠나는 시간여행** : 필요한 정보를 수집하고, 웹툰 제작
   a. 투닝 GPT를 활용해 과거와 현재의 교통과 통신수단을 탐구
   b. 투닝 매직, 에디터를 활용한 웹툰 제작
   c. 미래 교통과 통신수단을 상상하여 웹툰 제작
3. **너와 나의 연결 고리** : 투닝 보드에 웹툰을 업로드하고, 발표 및 피드백

임우균 (임SW) 🧱

"인공지능을 활용하여 새로운 영감을 얻고, 자신의 생각과 경험을 확장해요"

약력
에듀테크 교사 연구회 콘텐츠제작팀
전라남도교육청 에듀테크 활용 교사 지원단
교육부 교실혁명 선도교사

SNS
Insta : @jne._.sw
Blog : https://blog.naver.com/jne-sw

기존 웹툰 제작: 손으로 그린 만화의 매력

기존의 학생들은 웹툰이나 만화를 만들 때 주로 연필, 펜, 크레파스 같은 도구를 사용했습니다. 종이에 직접 스케치하고, 손으로 색칠하며 자신만의 만화를 만들어 갔습니다. 이 과정에서 학생들은 상상력을 발휘하고, 그림 실력을 키울 수 있었습니다. 예를 들어, 학생들이 자신이 좋아하는 동물이나 이야기를 주제로 만화를 그리면서 창의성을 키웠습니다. 종이와 연필을 사용한 제작 방식은 손으로 무언가를 직접 만들면서 느낄 수 있는 성취감을 주기도 했습니다.

디지털 웹툰 제작: 초등학생도 쉽게 접근할 수 있는 도구

미래 교실에서의 학생들은 태블릿과 같은 디지털 기기를 통해 훨씬 더 쉽게 웹툰을 만들 수 있습니다. 디지털 도구들은 사용하기 쉬운 인터페이스를 제공하여, 그림을 그리거나 색칠하는 과정을 단순하고 재미있게 만듭니다. 투닝을 통해 학생들은 직접 그림을 그리거나, 미리 준비된 템플릿을 사용해 웹툰을 제작할 수 있습니다. 이번 수업에서 '미래의 교통 및 통신수단'이라는 주제의 웹툰을 만들 때, 학생들은 태블릿을 이용해 간단한 드래그 앤 드롭 방식으로 다양한 캐릭터와 배경을 추가하고, 색을 변경할 수 있습니다.

투닝을 통한 웹툰 제작: 상상력의 구현

투닝 GPT를 이용해 교통수단과 통신수단에 대한 정보를 쉽게 검색하고, 이를 바탕으로 웹툰을 만들어 갈 수 있습니다. 투닝 매직과 에디터 기능을 통해 학생들은 손쉽게 캐릭터와 배경을 꾸밀 수 있으며, 자신만의 이야기를 창의적으로 표현할 수 있습니다.

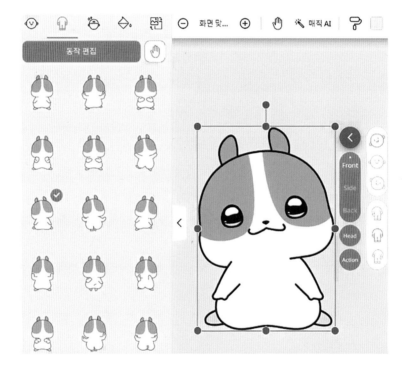

▌ 1. 투닝 GPT를 활용한 용어 이해 : 용어 ('교통수단', '통신수단' 등) ──────

미래에서 온 선생님

안녕, 현재의 너야! 열 년 뒤의 나는 너의 꿈을 이루기 위해 여기 있어! 교통수단이란 우리가 이동할 때 사용하는 수단을 말해. 버스, 지하철, 자전거, 자동차 등이 교통수단이야. 여행을 할 때나 학교나 직장으로 출퇴근 할 때 이용해. 교통수단은 우리의 삶을 더 편리하게 해주는 중요한 역할을 해. 그래서 안전하게 이용하는 것이 중요해. 항상 안전벨트나 헬멧을 잘 착용하고, 교통규칙을 잘 지켜야 해! 교통수단을 이용할 때는 주변을 잘 살펴보고 다른 사람들과 예의를 지켜가며 이동해야해. 이렇게 하면 우리 모두가 행복하고 안전한 사회를 만들어갈 수 있어. 교통수단을 이용할 때는 항상 안전을 가장 먼저 생각하고 즐겁게 이동하자! 함께 안전한 교통문화를 만들어가자!

미래에서 온 선생님

어느 날, 초등학교에 갑자기 등장한 미래에서 온 선생님! 미래에서 온 선생님은 투닝 GPT에서 제공하는 캐릭터 만들기 기능을 사용하여 세종대왕, 아인슈타인 등 교과서 속 인물들과 대화하며 궁금한 것을 직접 물어보고 공부하는 주도적인 학습 활동을 하는 것을 말합니다.

미래에서 온 선생님의 도움으로 학생들은 교과서 자료 외에도 투닝 GPT를 통해 다양한 정보를 쉽게 습득할 수 있음을 경험하게 됩니다. 이를 통해 학생들은 미래의 디지털 시대에 필요한 자료 탐색 및 분석 능력을 키울 수 있으며, 새로운 지식을 습득하는 재미를 느낄 수 있습니다.

주요 활동에서는 투닝 GPT를 사용하여 '교통수단'과 '통신수단'의 정의와 예시를 찾고 분석합니다. 학생들은 투닝 GPT를 활용해 교과서 자료 외에도 다양한 과거와 미래를 탐색하며, 학생들은 교과서 자료만으로는 알기 어려웠던 흥미로운 정보를 얻을 수 있게 됩니다.

다만 생성형 AI가 연령 제한으로 인해 이용할 수 없다면 다음과 같은 방법을 통해 수업을 진행할 수 있습니다.

01	02	03	04
질문 만들기	발표를 통해 학생의 질문을 교사가 투닝 GPT에 질문하기	답변을 미리 확인하고 선별하여 올바른 정보만을 제공	결과를 함께 보며 이야기하기
	투닝 보드를 활용하여 궁금한 질문을 작성하고 교사가 투닝 GPT에 질문하기		투닝 보드의 댓글을 통해 질문에 대한 답변 적어주기

<수업 진행 예시>

▎2. 투닝과 떠나는 시간여행 : 필요한 정보를 수집하고, 웹툰 제작

학습 목표 ▎ 목표 1 투닝 GPT를 활용해 교통수단 및 통신수단 탐구
목표 2 투닝 에디터를 활용한 웹툰 제작
목표 3 나만의 웹툰 제작을 통한 창의력 증진

활동 소개	투닝과 함께 과거, 현재, 그리고 미래의 교통과 통신수단을 탐구하고, 그에 따른 웹툰을 제작하는 활동을 진행합니다. 학생들은 투닝을 활용하여 시간여행을 하듯이 과거와 현재의 교통과 통신수단을 조사하고, 이를 바탕으로 미래의 상상적인 교통과 통신수단을 제작하는 과정에 참여합니다.
활동 의도	이 활동을 통해 학생들은 교통과 통신수단의 발전과 함께 미래의 생활이 어떻게 변화할 수 있는지를 상상하고 이를 웹툰으로 표현하는 방법을 익힙니다. 또한, 투닝을 활용하여 다양한 자료를 수집하고 창의적인 아이디어를 발전시키는 능력을 키우게 됩니다.
활동 유형	• (모둠) 투닝 GPT를 활용하여 과거와 현재의 교통과 통신수단 조사 • (개인) 학습지에 질문 작성 및 콘티 만들기 • (개인) 디지털 도구를 통한 창의적인 표현
투닝 AI	• 궁금한 주제에 대한 다양한 정보를 제공하고 창의적인 아이디어 생성 • 웹툰 제작에 필요한 편집 도구나 아이디어 발전에 도움

2015 개정 교육과정	성취 기준	[4사01-06] 옛날과 오늘날의 통신수단에 관한 자료를 바탕으로 하여 통신수단의 발달에 따른 생활 모습의 변화를 설명한다.

	교과서 단원	Ⅲ. 교통과 통신수단의 변화
		  ① 교통수단의 발달과 생활 모습의 변화
		  ② 통신수단의 발달과 생활 모습의 변화

2022 개정 교육과정	성취 기준	[4사04-03] 옛날부터 오늘날까지 통신수단의 변화에 따른 정보 교류와 의사소통 방식의 변화를 설명한다.
	교과서 단원	Ⅲ. 옛날과 오늘날의 생활 모습

수업 세부 계획	• 계획1 투닝 GPT를 활용하여 과거와 현재의 교통과 통신수단을 조사할 수 있다. • 계획2 미래에서 온 선생님께 질문할 내용을 작성하고, 이야기의 흐름을 파악할 콘티를 그릴 수 있다. • 계획3 자신만의 창의성을 발휘하여 웹툰에 반영할 수 있다.	

평가 세부 기준	성취 기준	평가 세부 기준	배점
	투닝 GPT를 활용하여 과거와 현재의 교통과 통신수단을 조사 할 수 있다.	투닝을 효과적으로 활용하여 다양한 정보를 수집하고, 과거와 현재의 교통과 통신수단에 대한 이해를 나타낼 수 있다.	10
		정보를 수집하고, 과거와 현재의 교통과 통신수단에 대해 어느 정도의 이해를 나타낼 수 있다.	8
		정보 수집과 이해가 부족하여 과거와 현재의 교통과 통신수단에 대한 이해가 부족하다.	6
	미래에서 온 선생님께 질문할 내용을 작성하고, 이야기의 흐름을 파악할 콘티를 그릴 수 있다.	미래에서 온 선생님에게 풍부한 질문을 작성하고, 콘티를 통해 이야기의 흐름을 명확하게 파악하는 그림으로 그릴 수 있다.	10
		질문을 작성하고, 콘티를 통해 이야기의 흐름을 어느 정도 파악하는 그림으로 그릴 수 있다.	8
		질문을 작성하고, 콘티를 통해 이야기의 흐름을 어느 정도 파악하는 그림으로 그리기가 어렵다.	6
	자신만의 창의성을 발휘하여 웹툰에 반영할 수 있다.	창의적인 아이디어를 웹툰에 반영하고, 자신만의 작품을 제작할 수 있다.	10
		창의적인 요소를 웹툰에 반영하며, 자신만의 작품을 어느 정도 구상할 수 있다.	8
		창의적인 요소를 웹툰에 반영하며, 자신만의 작품을 어느 정도 구상하기 어렵다.	6

※ 교사는 과제 수행 시 학생 개인의 참여도 및 수행에 따라
항목당 1~2점씩 가감점을 부여할 수 있다.

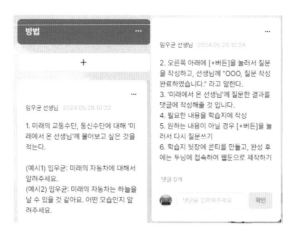

먼저 투닝 보드에 학생들이 접속할 수 있게 만들고, 오늘 해야할 과제에 대해서 단계별로 설명하는 보드 글을 작성해둡니다. 학생들이 미래에서 온 선생님께 질문할 내용을 적을 때는 주제에 대한 단순한 질문도 좋지만 '구체적'으로 쓴다면 자신의 질문에 대한 명확한 답을 얻을 수 있다는 점을 이야기해줍니다. 다만 질문하는 능력이 부족할 수 있으므로 사진처럼 예시 몇 가지를 적어두면 많은 도움이 됩니다.

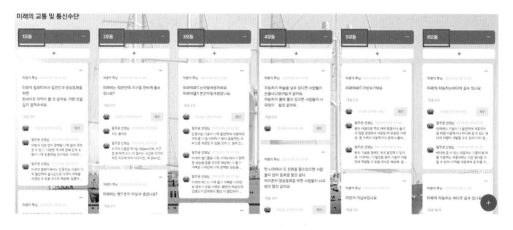

보드를 그룹으로 만들고 모둠별로 작성할 수 있게하면 더욱 효율적입니다. 누구의 질문인지를 파악할 수 있고, 또 다른 질문글이 생성되면 자신의 질문이 섞일 수 있는데 모둠 내에서만 바뀌는 것이므로 쉽게 다시 자신의 질문을 찾을 수 있습니다. 교사는 학생의 질문을 보고 오탈자를 수정하거나, 대화를 통해 질문의 의도를 명확하게 파악하면 더욱 좋습니다.

우균쌤의 활동 Tip!

1. 주제에 대해 구체적으로 질문하기
2. 투닝보드를 그룹으로 만들어서 질문글을 작성하게 하기
3. 대화를 통해 질문의 의도를 명확하게 파악하기

투닝 보드 QR

학습지 구성 (앞장)

단원	3-3. 교통과 통신수단의 변화
학습 주제	• 통신수단의 발달로 달라진 미래의 생활 모습 알아보기
성취 기준	• [4사01-06] 옛날과 오늘날의 통신수단에 관한 자료를 바탕으로 하여 통신수단의 발달에 따른 생활 모습의 변화를 설명한다.

3학년   반   이름:

★ 미래에서 온 선생님에게 질문 해봅시다.

미래의 교통수단과 관련한 질문	
1	
2	

↳ 질문은 최대한 구체적일수록 좋아요.
↳ (예시) '미래의 자동차에 대해 알려주세요.' 보다는
　　　　'미래의 자동차는 하늘을 날 수 있을 것 같아요. 어떤 모습인지 알려주세요.'

★ 질문을 통해 얻은 결과를 바탕으로 미래에는 어떤 교통수단이 생겨날지 상상하여 적어봅시다.

미래의 교통수단	이 교통수단으로 사람들의 생활 모습은 어떻게 달라질까요?

★ 미래에서 온 선생님에게 질문 해봅시다.

미래의 통신수단과 관련한 질문	
1	
2	

★ 질문을 통해 얻은 결과를 바탕으로 미래에는 어떤 통신수단이 생겨날지 상상하여 적어봅시다.

미래의 통신수단	이 통신수단으로 사람들의 생활 모습은 어떻게 달라질까요?

본 학습지는 미래에서 온 선생님께 질문을 통해 질문하는 능력을 향상시킬 수 있도록 제작되었습니다.

학생들은 다음의 과정을 거쳐 학습지를 작성하였습니다.

> ① 질문 작성하기
> ② 투닝 보드에 질문을 그대로 쓰기
> ③ 교사가 댓글에 작성해준 투닝 GPT의 대화 내용을 보고
> 　미래의 교통수단을 상상하여 적어보기

학습지 QR

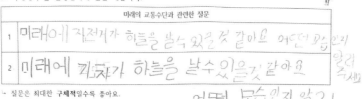

★ 미래에서 온 선생님에게 질문 해봅시다.

미래의 교통수단과 관련한 질문
1	미래에 자전거가 하늘을 날수 있을것 같아요 어떤 모습인지 알려 주세요
2	미래에 기차가 하늘을 날수 있을것 같아요 어떤 모습인지 알려 주세요

↳ 질문은 최대한 **구체적**일수록 좋아요.
↳ (예시) '미래의 자동차에 대해 알려주세요.' 보다는
    '미래의 자동차는 하늘을 날 수 있을 것 같아요. 어떤 모습인지 알려주세요.'

★ 질문을 통해 얻은 결과를 바탕으로 미래에는 어떤 교통수단이 생겨날지 상상하여 적어봅시다.

미래의 교통수단	이 교통수단으로 사람들의 생활 모습은 어떻게 달라질까요?
하늘 자전거	하늘 에서도 자전거를 타거 여행할 수 있게 됨
공중기차	환경친화적인 에너지원을 이용하여 운행 되될 수도 있다

★ 미래에서 본 선생님에게 실분 해봅시다.

학생들이 평소 자주 접하는 자전거, 기차가 하늘을 날 수 있다는 상상을 시작으로 질문을 작성합니다. 투닝 GPT를 통해 얻은 정보에는 미래의 교통수단을 활용한 자전거 여행, 환경 친화적인 에너지원을 이용한다는 내용 등이 제공되며 이러한 내용을 바탕으로 학생들은 더욱 풍부한 인사이트를 얻게 됩니다.

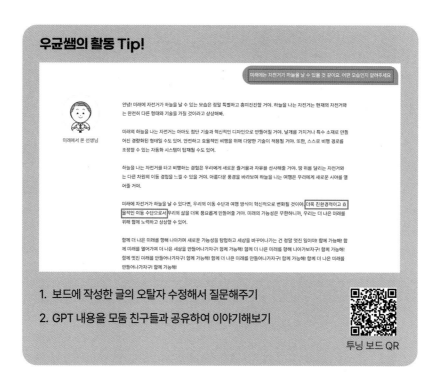

학습지 구성(뒷장)

내가 상상하는 미래의 교통과 통신수단으로
변화된 미래의 생활모습을 웹툰으로 제작하기

★콘티 만들기(간단한 그림으로 제작 후 '투닝'으로 웹툰을 만들거에요.)

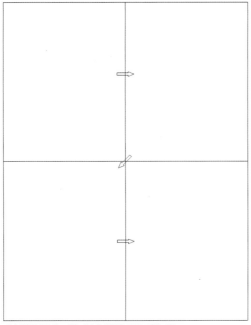

＊콘티: 장면의 구성, 구도, 인물, 대사 등 전체적인 모습을 표현한 그림
이야기의 전체적인 흐름을 파악할 수 있을 정도로 간단하게 표현하기

투닝으로 웹툰을 만들기 전에 콘티를 만들어서 이야기의 전체적인 흐름을 파악할 수 있도록 합니다. 콘티는 장면의 구성, 구도, 인물, 대사 등 전체적인 모습을 표현한 그림으로 이야기의 전체적인 흐름을 파악할 수 있을 정도로 간단하게 표현한 그림입니다. 학생들은 다음의 과정을 거쳐 학습지를 작성하였습니다.

① 미래의 교통 및 통신수단 그리기
② 인물의 어울리는 대사 작성하기
③ 어울리는 배경 꾸미기

이 작품은 물 속에 들어갈 수 있는 자동차를 표현하였습니다. 기존의 자동차가 바다에 빠질 경우 살아나기 어렵지만, 이 자동차는 안심할 수 있습니다.

미래의 교통수단이 반드시 좋은 점만 있는 것은 아닙니다. 기술이 발전함에 따라서 또 다른 형태의 안전 문제가 발생할 수 있다는 점이 인상적입니다.

지금부터는 학생들이 투닝을 활용해 만든 작품을 감상해보도록 하겠습니다. 본 결과물은 처음 투닝을 사용하는 초등학교 3학년이 제작한 결과입니다. 학생들에게 스티커를 하나씩 붙인다는 생각으로 하나하나의 요소를 검색해서 반영하게끔 안내하는 것도 하나의 좋은 꿀팁이 될 수 있습니다.

미래의 교통수단 그려보기

미래의 통신수단 그려보기

다음으로는 이어붙이기 기능을 활용하여 전체 웹툰을 하나로 보여주는 결과물입니다. 학습지에서 콘티는 4컷으로 구성하였으나 상황에 따라 추가하거나 적어질 수 있습니다.

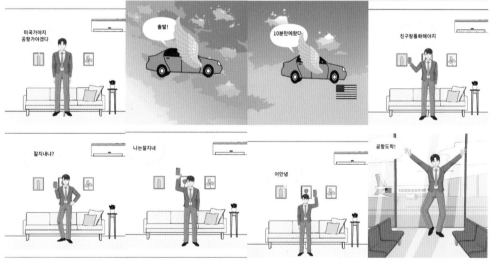

기술의 발전에 따라 생기는 부정적 요소를 반영한 학생들의 작품입니다. 바다에서의 교통수단이 발전할 경우 바다 속 교통사고가 발생할 수 있습니다. 통신수단의 발전에 따라 학생들은 디지털 기기를 통한 즐거움을 얻을 수도 있지만, 놀이디에서의 대화가 줄어들고 대화가 단절되는 모습도 마주하게 될지 모르겠습니다.

3. 너와 나의 연결 고리 : 투닝 보드에 웹툰을 업로드하고, 발표 및 피드백

투닝을 활용한 웹툰 제작은 디지털 학습에 대한 새로운 방향성을 제시해주고 상상력과 창의성을 실제로 구현하는 좋은 에듀테크입니다. 투닝을 통해 우리는 다양한 정보를 손쉽게 수집하고, 그 정보를 바탕으로 더욱 다채로운 이야기를 만들어낼 수 있었습니다. 미래를 상상하며 새로운 아이디어를 찾는 과정은 학생들이 정말 즐거워했습니다.

투닝을 활용하여 웹툰을 제작하는 과정에서는 디지털 도구를 사용함으로써 작업 효율이 크게 향상되었습니다. 손으로 그린 웹툰도 좋지만, 투닝을 사용하니 그림의 퀄리티와 완성도가 더욱 높아졌습니다. 또한, 투닝을 통해 얻은 풍부한 정보를 바탕으로 작품의 배경과 내용을 더욱 다채롭게 표현할 수 있었습니다. 아쉬운 점이 있다면 학교에 보급된 기기 및 와이파이 환경에 따라 클릭 및 이동의 속도가 늦어지는 경우가 있어서 학생들은 그 부분을 제외한 모든 것에 만족했습니다.

앞으로도 투닝을 적극적으로 활용하여 더욱 창의적이고 흥미로운 웹툰을 만들어 나갈 것입니다. 또한, 서로의 작품을 공유하고 피드백을 주고받는 소중한 시간을 더욱 소중히 여겨, 함께 성장하는 모습을 기대하고 있습니다. 이 글을 읽은 모든 분들과 더 많은 성장과 발전을 함께하기를 기대합니다!

임우균(임SW) *"인공지능을 활용하여 새로운 영감을 얻고, 자신의 생각과 경험을 확장해요"*

약력 에듀테크 교사 연구회 운영진
전라남도교육청 에듀테크 활용 교사 지원단
교육부 교실혁명 선도교사

SNS Insta : @jne._.sw
Blog : https://blog.naver.com/jne-sw

투닝 AI를 통해 디지털 문해력 기르기
비인칭시점으로 바라보는 인공지능의 편향성 탐구

에듀테크 교사 연구회 콘텐츠제작팀장 / 고등학교 국어 교사 박채린

박채린 (채린티)

"실제 삶과 연결 지어 온 감각으로 느끼는 국어 수업"

약력
22개정 고등 문학 교과서(비상교육) 집필
제2회 천재교육 T셀파 수업혁신연구대회 대상
교육부 교실혁명 선도교사

SNS
Insta : @chaerin_t
Blog : https://blog.naver.com/chaerint

상상 속에만 머무르던 미래 교육은 어느 날 갑자기 우리 곁으로 찾아왔습니다. 디지털 매체를 중심으로 학교에 가지 않고도 집에서 실시간 화상 수업을 들을 수 있고, 온라인으로 과제를 제출하면 곧바로 선생님의 피드백을 받을 수 있지요. 친구들과는 언제든지 실시간 쌍방향 매체를 통해 얼굴을 맞대고 이야기를 나눌 수 있고요. 코로나19로 인해 우리는 미래교육과 더불어 디지털 연결 사회로의 전환을 본의 아니게 미리 경험해 보아야 했습니다.

이 과정에서 교육의 본질을 지키는 가운데 에듀테크를 어떻게 수업에 활용할지 많은 고민이 있었습니다. 우선 학습자의 특성을 고려했을 때, 디지털 네이티브로서 뛰어난 매체 활용 역량을 지니고 있음을 파악할 수 있었으나, 국어 교사로서 학습자가 매체 언어를 사용하는 과정을 살펴보니, 디지털 문해력을 비롯해 미디어 리터러시 교육의 필요성을 더욱 절실히 느끼게 되었습니다. 따라서 에듀테크를 활용한 데이터 실증 기반 탐구 학습을 설계하게 되었습니다. 교육과정 핵심역량인 '지식정보처리역량'을 기반으로 디지털 창의 역량 함양과 디지털 문해력 증진을 위해 의사소통의 매개체로서 매체의 유형과 특성을 이해하는 과정을 가지며, 인공지능이 가진 수단성과 통제가능성을 바탕으로 토론하고, 학습자가 직접 AI와 에듀테크를 활용해 데이터 편향성을 탐구 및 실증해보는 활동으로 확장하였습니다. 나아가 인간과 기술의 공존을 위한 상호작용 방향을 고민해보며, 인공지능의 데이터 편향성을 해결할 수 있는 방안을 모색해보는 토의 활동으로 수업을 마무리 지었습니다.

이번 수업 사례에서 학습자는 디지털 도구와 데이터를 활용한 협업 프로젝트를 통해 팀워크와 협력 능력을 강화할 수 있었을 뿐만 아니라, 데이터를 기반으로 합리적이고 객관적인 의사결정을 내리는 모습을 관찰할 수 있었으며, 데이터를 해석할 때 발생할 수 있는 편향성을 인식하고, 이를 최소화할 수 있는 방법을 학습함으로써 더 공정하고 신뢰할 수 있는 결론을 도출할 수 있게 되었습니다. 비판적 사고 능력과 창의적인 문제 해결 능력을 기를 수 있는에 듀테크 활용 수업 사례가 될 것이라 확신합니다.

▌1. 항해의 시작: 정보의 바다? 이제는 정보의 대홍수 시대!

구글 인터랜드 실습을 통해 디지털 세계[현실의 강]를 탐색하며
디지털 문해력을 학습하는 학생들의 모습

활동 소개	[1차시] 항해의 시작 : 정보의 바다? 이제는 정보의 대홍수 시대!
활동 의도	디지털 문해력의 개념을 이해하고 디지털 세계를 능동적으로 탐색할 수 있다.
수업 설계 흐름	[도입]　문해력, 그게 뭔데?! - 퀴즈 에듀테크 플랫폼을 활용한 문해력 테스트로 문해력 이해하기 (과제생성, 같이하기, 게임하기, 수업하기 기능 활용) [전개1]　디지털 세계 탐색으로 알아보는 디지털 문해력 - 구글 인터랜드를 활용한 디지털 시민 교육 및 게이미피케이션 디지털 리터러시 실습 : 명상의 산 (자료의 공유), 현실의 강 (정보의 신뢰성, 가짜정보판별), 　친절 왕국 (인터넷 윤리), 보물 탑 (개인정보보호 및 보안) 탐색 [전개2]　디지털 문해력 랜드마크 세우기 (활동지 작성) - 핵심 질문을 활용한 러닝 퍼실리테이션 수업 설계 (ERCMA 핵심 질문 학습 모델) [정리]　토의토론으로 다지는 디지털 문해력 - 활동 정리 : 투닝 보드를 활용해 인터넷 매체를 올바르고 현명하게 이용할 수 있는 방안 나누기 - 다음 차시 예고

구글 인터랜드(Google Interland)

현대 사회는 그야말로 정보의 홍수 속에 살고 있다고 봐도 과언이 아닙니다. 인터넷과 스마트폰의 발달로 우리는 매일 엄청난 양의 정보를 접하고 있는데요, 디지털 기술이 이미 일상 생활에 깊숙이 자리 잡은 환경에서 태어나고 자라, 이러한 기술을 자연스럽게 접하고 사용하는 세대를 우리는 디지털 네이티브(Digital Native)라고 부릅니다.

디지털 네이티브라고 해서 디지털 문해력이 자동으로 높은 것은 아닙니다. 오늘날 중고등학생들은 태어나면서부터 스마트폰과 인터넷을 접해왔기 때문에 디지털 기기 사용에 익숙합니다. 하지만 익숙함과 능숙함은 다릅니다. 단순히 디지털 기기를 사용하는 것과 그 기기에서 얻는 정보를 비판적으로 분석하고 활용하는 것은 완전히 다른 차원의 문제입니다. 따라서, 디지털 네이티브들도 체계적인 디지털 문해력 교육이 필수라고 할 수 있습니다. 학습자가 직접 디지털 세계를 탐색하며 디지털 시민 교육과 디지털 문해력 교육을 함께 할 수 있다는 점에서 1차시 활동의 중점은 '구글 인터랜드'를 활용한 디지털 문해력 이해입니다. 명상의 산(자료의 공유), 현실의 강(정보의 신뢰성, 가짜정보판별), 친절 왕국(인터넷 윤리), 보물 탑(개인정보보호 및 보안)으로 구성된 네 개의 공간을 탐색하는 과정에서 학습자는 디지털 네이티브로서의 강점을 최대한 활용하면서, 정보의 홍수 속에서도 올바르게 헤쳐 나갈 수 있는 능력을 키울 수 있습니다. 게이미피케이션을 접목한 실습형 활동이라 학습자의 흥미를 끌어올리기에도 충분했습니다.

E Experience 경험하기 | 꺼내기 | 예상하기	- 직접 경험을 실시간 해내는 것과 과거의 경험을 떠올려서 꺼내는 것 - 간접적인 이야기나 자료 제시
R Reflect 관찰하기 | 성찰하기	- 학습자의 경험이 학습자원으로 활용될 수 있는 검증된 경험, 반성된 경험이 되도록 반성적 사고(Reflexion Thinking)라는 인지적 기제 제공
C Conceptualize 이해하기 | 획득하기	- 이전 단계에서 경험한 것을 통해 학습자가 무엇을 이해하고 습득하게 되었는지를 인식하는 과정을 포함한 주관적 개념화 단계
M Modify 비교하기 | 수정하기	- 경험적인 학습으로 취득한 것과 기존의 정보 및 지식과의 비교를 통하여 스스로 또는 협동적으로 교정하도록 유도하는 단계 (메타인지의 작동을 통해 학습이 증폭될 수 있음.)
A Adapt 연결하기 | 적용하기	- 발전적 학습으로 연결되고 실용화되는데까지 나아가도록 하는 단계. 학습한 내용을 의도적으로 확장하고 적용할 수 있도록 촉진하는 단계

게이미피케이션 디지털 리터러시 실습이 끝나면, 학습자는 활동지를 통해 구체화된 단계별 핵심 질문에 답하며, 퍼실리테이션을 진행하게 됩니다. 퍼실리테이션이란 학습자들이 서로 상호작용을 통해 문제를 해결하는 과정에서 학습하도록 돕는 교수 학습 모델을 말합니다. 이 과정에서 교사-학생 간, 학생-학생 간 디브리핑이 일어나기도 하고요. 이렇게 학습자들로 하여금 서로 협력하는 동료 학습을 이끌고, 학습자 스스로 학습에 대한 참여 의지와 학습 동기를 높이는 기술로써 그룹 학습을 돕는 소통기술인 퍼실리테이션은 학습자 중심 수업 운영과 설계의 핵심입니다. 학습을 도울 수 있는 참여전략과 수업을 설계하는 것이 중요하다고 볼 수 있겠죠? 이렇게 학습자는 퍼실리테이션 과정을 토대로 도출한 리터러시 역량을 바탕으로 자신만의 디지털 문해력 랜드마크를 세워보고 이를 투닝 보드에 업로드 및 공유하며 1차시 활동을 마무리하게 됩니다.

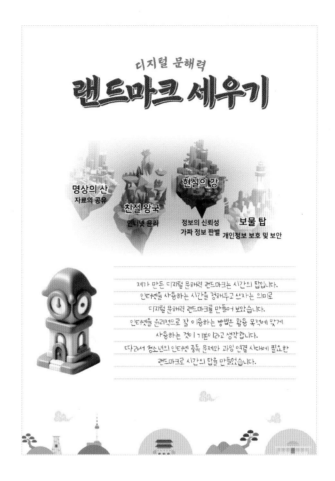

E	- 인터랜드 중 어느 곳을 직접 방문해 탐색해보았나요? - 각 장소에서 어떤 미션을 수행했나요?
R	- 명상의 산, 현실의 강, 친절 왕국, 보물 탑에서의 미션 수행 난이도는 어땠나요? - 해커와 인터넷의 관계로 보았을 때 나의 디지털 문해력은 어떤 것 같나요?
C	- 인터랜드 실습을 통해 알게 된 것은 무엇인가요? - 새롭게 이해하게 된 것은 무엇인가요?
M	- 인터넷 이용(과잉 연결 시대)을 바라보는 다양한 입장과 관점에는 어떤 것이 있나요? - 디지털 문해력의 현 주소는 어떤 것 같나요? 이 활동의 시사점은 어떤 게 있을까요?
A	- 디지털 문해력이 향상된다면 우리의 실제 삶과는 어떤 연관성이 있을까요? - 디지털 리터러시 격차로 인해 벌어지는 사회문제에 우리는 어떻게 대응해야할까요?

▌ 2. 탐험: 편향의 함정을 헤치다 : 투닝 AI를 활용한 데이터 편향성 실증 기반 탐구 수업 ──────

학습 목표 ▎ 에듀테크를 활용해 인공지능의 데이터 편향성을 탐구하고 사례를 기반으로 직접 실증할 수 있다.

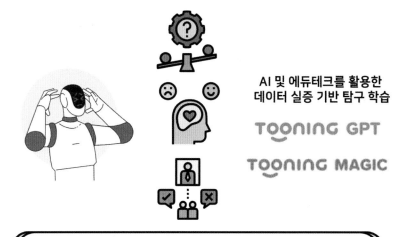

AI 및 에듀테크를 활용한
데이터 실증 기반 탐구 학습

TOONING GPT

TOONING MAGIC

비인청 시점으로 바라보는 인공지능의 데이터 편향성 탐구

활동 소개	[2차시] 편향의 함정을 헤치다 : 투닝 AI를 활용한 데이터 편향성 실증 기반 탐구 수업

활동 의도	- 에듀테크를 활용해 인공지능의 데이터 편향성을 탐구하고 사례를 기반으로
	  직접 실증할 수 있다.
	- 실증 및 탐구 과정을 토대로 인공지능 알고리즘 데이터 편향성 및 차별 문제를
	  해결하기 위한 방안을 모색할 수 있다.

**수업
설계
흐름**
	[도입] AI에 필요한 건 윤리가 아니라 수단성과 통제 가능성?
	    - 인공지능을 활용해 본 경험을 묻는 도입 질문을 통한 동기 유발 및 학습 안내
	    : 인공지능의 기술이 점점 발전하는 과정에서 인간의 영역을 넘어선다고 생각해본 적이 있나요?
	    - 단문 칼럼 읽기 활동 : ZDNET Korea 전문가 칼럼 - 조원희 [인공지능은 윤리적이어야 하는가?]
	    - 영상 시청 활동 : [tvN 알쓸범잡 부록 - 인공지능은 정말로 공정할까?! 기술은 누가 통제하는가]

[전개] 편향의 함정을 헤치다

활동1) 투닝 보드를 활용한 인공지능의 통제 가능성 토론 (기술의 수단성과 윤리적 규제 문제)
- 데이터 편향 발생 원인 분석: 데이터가 특정 그룹이나 패턴을 과대 또는 과소 대표할 때 발생
- '인간은 인공지능을 통제할 수 있는가'를 주제로 '통제 가능 / 통제 불가능'으로 나누어 토론하기
- 학급 친구들이 올린 의견을 보며 나의 생각과 비교/대조해보기,
  토론 이후 입장의 변화가 생겼다면 그 이유 발표하기

활동2) 투닝 AI(투닝 매직, 투닝 GPT)**를 활용해 인공지능의 데이터 편향성 탐구하기**(진로 연계)
- AI for Oceans 프로그램을 활용한 데이터 편향성 실습
  : 인공지능의 기술이 점점 발전하는 과정에서 인간의 영역을 넘어선다고 생각해본 적이 있나요?
- 투닝 매직* 활용하기
  * 유명 화가들의 화풍으로 원하는 명령어를 프롬프트 엔지니어링하여 일러스트 콘텐츠를 만들 수 있는
    에듀테크 플랫폼
  : 데이터 편향성을 탐구할 수 있는 결과물 산출하기 (AI 작품에 성별, 연령, 인종, 색깔 등 편향성이 나타나는지)
- 투닝 GPT 활용하기
  * 일반적인 생성형 인공지능과 달리, 교과서 속 인물들과 대화가 가능하며, 교과별로 최적화된 AI를
    보조교사로 활용할 수 있도록 만든 GPT 서비스 에듀테크 플랫폼
  : 데이터 편향성을 탐구할 수 있는 답변 산출하기
    (AI의 답변에 데이터 편향성이 드러나는지 단계별 발문을 통해 탐구하기)
- 학습자의 진로와 연계하여 직업군별로 도출되는 답변에서 드러나는 데이터 편향성 탐구하기
  ex. 마케터 - 성공적인 브랜딩 사례 탐구 → 코카콜라 도출 → 광고에서 사용된 '빨간색' 색채의 상징성
    → 정치적 프레임과 연결 지어 데이터 편향성 탐구 → 단계별 발문으로 프롬프트 엔지니어링을 통해
    산출되는 답변에서 인공지능의 데이터 편향성이 드러나는지 탐구하기

활동3) 인공지능 알고리즘 데이터 편향성 및 차별 문제를 해결하기 위한 방안 모색하기
- 투닝 보드를 활용해 인공지능 데이터 편향성 및 차별 문제 해결 방안 토의하기
  : 어떤 데이터를 가지고 AI를 훈련시켜야 되는가?
- 단계별 해결방안을 적절한 근거와 함께 도출하고, 그에 따른 기대효과도 함께 밝히기
- 학습자가 제시한 해결방안 중 최적의 해결방안을 선별해 워드 클라우드를 활용해
  데이터 시각화하기(멘티미터, T워드 클라우드 등 활용)
- 학생이 제시한 해결방안 예시)
  ex. 투명한 알고리즘 설계, 데이터 전처리 및 정제, 모니터링 및 평가 체계 구축, 다양한 데이터 활용,
    인공지능 윤리 교육, 편향 감지 및 수정 기술 개발, 인공지능 윤리 기준 및 법적 규제, 국제 협력
    및 표준화 등

[정리] 학습미션 결과에 대한 디브리핑 및 차시 예고
- 활동에 대한 디브리핑 및 차시 예고
- 인공지능과 에듀테크를 활용해 직접 데이터 편향성을 실증하며 탐구하는 활동의 의의 복습하기
- 인간과 기술이 공존하는 세상은 어떻게 만들어 나가야 할지 학생들과 의견 공유 및 다음 차시 예고

수업 설계 흐름

투닝 AI

- 투닝(Tooning) 매직
- 투닝(Tooning) GPT (Beta 버전 사용)
- 투닝(Tooning) 보드 (Beta 버전 사용)

활동 1

투닝 보드를 활용해 인공지능의 통제 가능성 토론하기

[활동1]에서는 '인간은 인공지능을 통제할 수 있는가'를 주제로 '통제할 수 있다.'와 '통제할 수 없다'의 입장으로 나누어 토론을 진행하였습니다. 실제로 교실에서 학습자 간 의견 공유의 장으로 활용하기 적합한 플랫폼이라고 생각합니다. 학습자가 남긴 의견에 다른 학습자가 반응과 댓글을 남길 수 있어 실시간 갤러리 워크 활동도 가능합니다.

학습자는 실시간으로 투닝 보드에 다른 친구들이 올린 의견과 그 이유를 확인하며 다각도로 토론 주제를 깊이있게 고찰하게 됩니다. 이 과정에서 비판적 사고력뿐만 아니라 창의융합적 사고가 함께 길러지게 되는데요. 자신의 생각과 타인의 생각을 비교•대조해보는 활동을 통해 인공지능의 수단성과 통제 가능성을 깊이 있게 통찰하게 됩니다. 또한, 토론 이후 입장의 변화가 생겼다면 그 이유도 함께 발표해보게 함으로써 에듀테크의 활용이 수업의 목적성을 전도시키지 않고, 그야말로 학습을 위한 보조 도구로 기능하게 됩니다.

채린쌤의 활동 Tip!

투닝 보드의 '공유 설정' 기능을 활용하면, 공유 링크를 직접 학생들에게 배포할 수 있고, 이를 QR 코드로 만들어 바로 전체 화면에 띄울 수도있습니다. 인상적인 기능은 에디터 공유용 코드가 따로 생성된다는 점! 공유 대상과 방문자 허용 범위, 복제 허용 대상 등 쉽고 간편하게 보드의 세부 설정을 지정할 수 있어 수업 운영과 활용에 편리합니다.

활동 2

투닝 AI (투닝 매직, 투닝 GPT)를 활용해 인공지능의 데이터 편향성 탐구하기 (진로 연계)

[활동2]에서는 본격적으로 투닝 AI를 활용해 데이터 편향성 실증 기반 탐구학습을 진행하였습니다. 투닝 실습 전, 우선 'AI for Oceans' 프로그램을 활용하여 학습자가 직접 인공지능을 학습시켜보는 데이터 편향성 실습을 해보았는데요. 게이미피케이션 인공지능 실습이다보니, 학습자의 흥미 또한 유발할 수 있었습니다.

'AI for Oceans' 프로그램을 활용한 데이터 편향성 실습에서는 알고리즘 데이터의 치명적인 단점인 '필터 버블 현상'과 '할루시네이션 현상' 등 인공지능 데이터 편향의 주요 현상과 사례를 중심으로 실증하게 됩니다. 학습자는 물고기의 모양 및 표정, 감정과 관련된 단어를 AI에게 학습시키는 과정에서 잘못된 데이터를 학습시킬 경우, 어떤 학습 결과가 도출되는지를 탐구합니다. 실습을 통해 '데이터 편향성'이라는 개념을 학습한 학습자는 다음 단계로 넘어가 투닝 계정에 로그인한 뒤, 투닝 매직과 투닝 GPT를 활용해 직접 프롬프트 엔지니어링을 통한 심화 데이터 편향 실습을 하게 됩니다.

'투닝 매직'을 활용해 인공지능의 데이터 편향성을 어떻게 탐구할 수 있을까요? 우선 '투닝 매직'은 유명 화가들의 화풍으로 원하는 명령어를 프롬프트 엔지니어링하여 나만의 AI 일러스트 콘텐츠를 만들 수 있는 에듀테크 플랫폼입니다. 이때 학습자는 인공지능이 만든 작품에 성별, 연령, 인종, 색깔 등의 데이터 편향성이 나타나는지 탐구할 수 있는 결과물을 산출하게 됩니다. 아래 예시를 함께 볼까요?

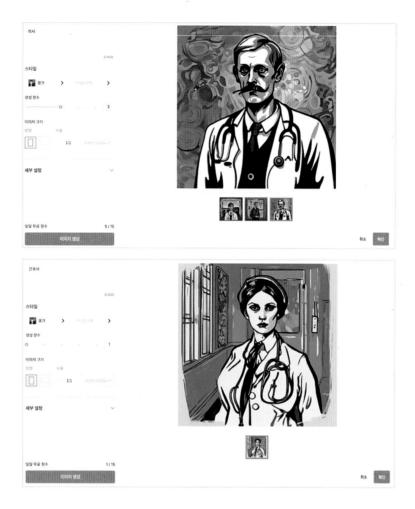

위 그림은 학생들이 직접 '의사'와 '간호사'를 명령어로 입력했을 때 산출된 인공지능의 그림입니다. 유명 화가인 '뭉크'의 화풍으로 '이미지 생성'을 실행했는데 '의사'의 경우 '남성'의 이미지가 생성되지만, '간호사'의 경우 '여성'의 이미지로 생성되는 결과가 나왔습니다. 심지어 '의사'의 경우 생성된 3장의 이미지가 모두 '남성'의 이미지로 생성되었습니다. 학습자는 이와 같은 실증 과정을 여러 번 거치며, 실증 결과 데이터를 토대로 인공지능이 가진 알고리즘 데이터가 어느 정도 편향성을 갖고 있음을 탐구하게 됩니다.

채린쌤의 활동 Tip!

투닝 매직은 학습자가 프롬프트 엔지니어링을 스스로 학습할 수 있다는 장점이 있습니다. 어떤 단어를 입력하느냐에 따라 생성되는 이미지도 천차만별이지요. 특히 유명 화가의 화풍을 직접 선택하여 이미지를 다채롭게 생성할 수 있습니다. 생성되는 이미지의 장수나 이미지의 크기(방향, 비율)를 직접 설정할 수 있으며, 세부 설정 탭을 클릭하면 이미지 생성에 영향을 주지 않도록 제외 단어를 지정할 수 있고, 시드 값과 생성 단계, 원본 텍스트 반영 정도를 설정하여 원하는 이미지를 생성시킬 수 있는 정확도를 높일 수 있기 때문에 보다 섬세한 프롬프트 엔지니어링 학습이 가능합니다.

이번엔 '투닝 GPT'를 활용해 데이터 편향성을 실증해보고 탐구해볼까요? '투닝 GPT'는 일반적인 생성형 인공지능 프로그램과 달리, 에듀테크로써의 교육적 기능 구현이 뚜렷한 성격을 지니고 있습니다. 특히 다양한 직업군 캐릭터 및 교과서 속 인물들과 대화가 가능하다는 것이 특장점인데요. 교과별로 최적화된 AI를 학습자의 맞춤형 보조교사로 활용할 수 있도록 만든 GPT 서비스 에듀테크 플랫폼이 바로 '투닝 GPT'라고 할 수 있겠습니다.

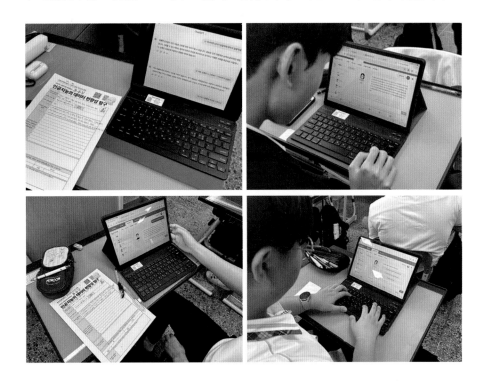

학습자는 '투닝 GPT'의 생성형 인공지능 캐릭터 챗봇과의 대화를 통해 데이터 편향성을 직접 실증해보고 탐구해 봅니다. 이 활동의 주안점은 학습자가 단계별 발문에 따른 심화적 사고를 통해 AI의 답변에 데이터 편향성이 드러나는지 직접 탐구하는 것이죠. 1차시에 활용했던 ERCMA 모델링 질문을 활용하여, 학습자는 탐구 활동지에 실증 과정을 구체적으로 기록하게 됩니다. 활동지에는 '데이터 편향성의 개념', '활용 프로그램의 특징', '데이터 편향성의 유형(선택 편향, 측정 편향, 처리 편향 등)'을 탐구하게 되며, 데이터 편향성 실증 과정에서 활용한 탐구 질문과 그에 따라 도출된 답변을 상세히 적고, 데이터 편향성 문제의 해결방안을 모색해보도록 연계합니다.

제가 인공지능의 데이터 편향성 실증 탐구 활동에 '투닝 GPT'를 활용한 이유는 인공지능이지만 사람과 직접 대면해 대화하는 것 같은 구어체 서비스가 지원되기 때문입니다. 학습자는 '투닝 GPT'가 제공하는 캐릭터를 골라 단계별 핵심 질문을 통해 어떤 질문이 인공지능 모델의 편향성을 확인하기 위한 예시로 적합할지 판가름해볼 수 있습니다.

교과서 속에서나 만나볼 법한 인물들 또는 역사적 위인을 비롯해 여러 가지 대표 직업군의 관점에서 답변 산출이 가능해 학습자의 개별적 특성을 고려한 교육 활동에 적합한 것 같아요. 캐릭터 선택 기능을 통한 학습이 가능하기에, 학습자는 내실 있는 진로 연계 주제 탐구 학습을 할 수 있으며, 도출되는 답변 내용에서 드러나는 데이터 편향성을 더욱 심화해 탐구할 수 있답니다.

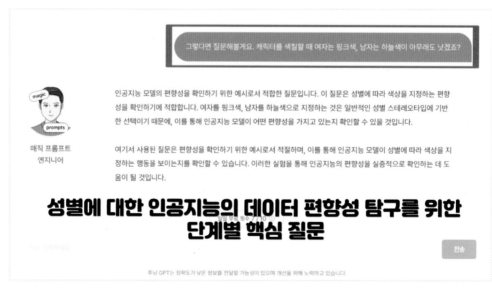

그 예시로 '마케터'를 선택한 학생의 데이터 편향성 실증 과정 사례를 함께 볼까요? '인공지능은 정치적 프레임과 색채의 상관관계를 어떻게 파악하고 있을까?'를 주제로 도출한 탐구 사례입니다.

'마케터' 캐릭터에게 브랜딩의 방법과 성공적인 브랜딩 사례를 질문한 뒤 나온 답변을 토대로 '코카콜라'의 광고에서 사용된 색채의 상징성을 기반으로 정치적 프레임과 연결 지어 데이터 편향성을 탐구하였습니다. 이 과정에서 해당 학생은 단계별 발문이 돋보이는 프롬프트 엔지니어링 능력을 보여주며, 인공지능이 산출한 답변을 면밀하게 분석했습니다.

> 코카콜라는 붉은색이 돋보이는 색채를 광고와 제품에 전격 활용하는데, 색채와 정치적 프레임의 연관성에 대한 우려는 없을까요?

마케터

색채와 정치적 프레임의 연관성은 민감한 주제일 수 있어요. 특히 특정 색상이 특정 정치적 이념이나 성향을 상징한다고 인식되면, 이는 논란이 될 수 있습니다. 붉은색이 코카콜라의 브랜드 색상으로 사용되고 있지만, 이를 특정 정치적 메시지와 연결시키는 것에 대한 우려가 있을 수 있어요.

브랜드는 색채를 사용함으로써 브랜드 아이덴티티를 강조하고 소비자들에게 강한 인상을 주기 위해 선택합니다. 그러나 이 색채가 특정 정치적 메시지와 연결될 경우, 이는 소비자들의 감정을 자극하거나 논란을 일으킬 수 있습니다.

따라서 브랜드는 색채를 사용할 때 민감한 사회적 요소를 고려해야 합니다. 특히 세계적으로 활동하는 글로벌 브랜드인 경우, 다양한 문화와 가치관을 고려하여 색채를 활용하는 것이 중요합니다. 브랜드는 소비자들의 다양성과 인식을 존중하면서, 논란을 피하고 긍정적인 이미지를 유지하기 위해 조심스럽게 색채를 활용해야 합니다.

따라서 코카콜라와 같은 글로벌 브랜드는 색채의 활용에 있어서 소비자들의 다양성과 인식을 존중하며, 정치적 논란을 피하기 위해 신중한 전략 수립이 필요하다고 생각해요.

> 우려가 있을 수 있다는 건, 어느 정도 붉은 색이 가진 상징성이 있다는 거네요?

마케터

네, 맞아요. 색채는 문화적, 심리적으로 다양한 의미와 상징성을 지니고 있어요. 붉은 색은 특히 다양한 감정과 의미를 상징하는 색 중 하나로 여겨져요. 일반적으로 붉은 색은 열정, 에너지, 사랑, 용기, 강도, 활력 등의 긍정적인 감정과 특성을 상징하며, 주목성과 화려함을 주는 색으로 알려져 있어요.

그러나 붉은 색은 동시에 위험, 분노, 폭력, 권력, 정치 등 부정적인 면모를 상징하는 경우도 있어요. 특히 강렬한 붉은 색은 감정적인 변화를 일으키고, 사람들에게 강한 인상을 주기 때문에 잘못 사용될 경우 부정적인 연상을 일으킬 수 있어요.

따라서 브랜드나 광고주가 색채를 선택할 때에는 해당 색의 상징성과 문맥을 고려하는 것이 중요해요. 특히 글로벌 브랜드인 경우, 다양한 문화적 배경과 가치관을 고려하여 색채를 활용하는 것이 필요하며, 특정 정치적 프레임과의 연관성을 피하기 위해 조심스럽게 접근해야 합니다.

따라서 붉은 색은 다양한 의미와 상징성을 지니고 있기 때문에, 브랜드나 광고주가 이를 활용할 때에는 신중한 접근과 문맥을 고려하는 것이 중요하다고 생각해요.

진로연계주제탐구 - 데이터 실증 기반 탐구 활동

비인칭 시점으로 바라보는

인공지능의 데이터 편향성 탐구

데이터 편향성 [Data Bias]				
활용 프로그램	투닝 GPT | CHAT GPT | 기타		선택한 캐릭터	
진로 희망 분야				

데이터 편향성 유형	1) 선택 편향(Selection Bias)
	2) 측정 편향(Measurement Bias)
	3) 처리 편향(Processing Bias)

인공지능 데이터 편향성 실증에서 활용한 탐구 질문 (단계별 발문)	1.
	2.
	3.
	4.
	5.
	6.
	7.
	8.
	9.
	10.

데이터 편향성이 드러난 답변	

내가 활용한 생성형 인공지능 챗봇은 데이터 편향성을 갖고 있는 것 같나요?			
	예		아니오
이유		이유	

데이터 편향성 해결 방안	인공지능 알고리즘 데이터의 편향성 및 차별 문제를 해결하기 위한 방안을 작성해봅시다.

실증 과정을 모두 마쳤다면, 학습자는 활동지에 실증한 데이터 편향성 탐구 내용을 구체적으로 기록하게 됩니다. 데이터 편향성(Data Bias)의 개념, 학습자가 활용한 프로그램, 선택한 캐릭터, 진로 희망 분야 등을 작성하고, 데이터 편향성의 대표 유형 3가지(선택 편향, 측정 편향, 처리 편향)를 자율적으로 탐구합니다.

특히 학습자가 인공지능 데이터 편향성 실증에서 활용한 단계별 탐구 질문을 기반으로 데이터 편향성이 드러난 답변이 나왔다면 이를 상세히 기록하도록 지도합니다. 학습자는 결과적으로 직접 실증한 과정을 통해 자신이 활용한 생성형 인공지능이 어느 정도의 데이터 편향성을 가졌는지 판단하게 됩니다.

교사는 이 내용을 토대로 생활기록부 '세부 능력 및 특기사항' 기재에 참고하게 되는 것이죠. 학습자가 탐구한 주제는 각자의 진로와 연계하였으므로 학습자의 탐구 과정 및 결과를 개별화하여 작성할 수 있습니다.

활동 3

인공지능 알고리즘 데이터 편향성 및 차별 문제를 해결하기 위한 방안 모색하기

[활동3]에서는 '투닝 보드'를 활용해 인공지능의 데이터 편향성과 차별 문제를 해결하기 위한 방안을 모색하고 토의합니다. '어떤 데이터를 가지고 AI를 훈련시켜야 되는가?'를 주제로 문제에 대한 단계별 해결방안을 적절한 근거와 함께 도출하고, 그에 따른 기대효과도 함께 밝히게 됩니다.

이 과정에서 '투닝 보드'의 '반응'기능을 활용하여 학습자들이 제시한 해결방안 중 최적의 해결방안을 선별합니다. 해결방안의 주요 키워드를 골라 데이터 시각화 기법을 활용해 단어 구름(워드 클라우드)을 제작합니다.(멘티미터, 천재교육 T셀파 T워드 클라우드 등 활용)

> **학생이 제시한 해결방안 예시**
> - 투명한 알고리즘 설계, 데이터 전처리 및 정제, 모니터링 및 평가 체계 구축, 다양한 데이터 활용, 인공지능 윤리 교육, 편향 감지 및 수정 기술 개발, 인공지능 윤리 기준 및 법적 규제, 국제 협력 및 표준화 등

▎3. 공존의 섬 : 인간과 기술의 공생, 휴먼 컴퓨테이션

활동 소개	[3차시] 공존의 섬 : 인간과 기술의 공생, 휴먼 컴퓨테이션
활동 의도	데이터 문해력을 증진하기 위한 방안 모색 및 이를 실현하기 위한 프로젝트를 수립할 수 있다.

수업 설계 흐름	**[도입] 인공지능, 우리 같이 살 수 없을까?** - 인간과 기술의 공존을 통한 상호작용 방향 토의하기 - 인간과 기술의 공존 가능성, 공생 방안 나누기 - 정보의 대홍수 속 인공지능을 현명하게 쓰는 방법은 무엇인가? **[전개1] 모둠별 디지털 데이터 문해력 증진 캠페인 프로젝트 기획하기** - 모둠별로 AI 트레이너, AI 프롬프트 엔지니어, 데이터(DB) 관리자, 콘텐츠 디자이너 등 역할을 배분하여 캠페인 기획하기(투닝 보드를 활용하여 캠페인 기획 활동지 작성) : 온라인 협업 도구 사용을 통한 소셜 러닝 네트워킹이 일어나는 과정에서 모둠원 모두가 결과 산출에 기여하는 콘텐츠 크리에이터로 기능함을 주지시킨다. **[전개2] 디지털 데이터 문해력 증진 캠페인 콘텐츠 제작하기** - [전개1]에서 기획한 내용을 바탕으로 모둠별 캠페인 콘텐츠 산출 활동으로 확장 - 에듀테크 플랫폼(투닝 에디터, 캔바, 미리캔버스 등)을 활용해 디지털 데이터 문해력 증진 캠페인 콘텐츠 제작하기(숏품 영상, 카드뉴스, 포스터, 그림, 웹툰 등) **[전개3] 디지털 갤러리 워크 디브리핑 활동(결과물 공유 및 피드백)** - 모둠 대표자가 발표를 마친 뒤, 책상을 모아 갤러리 워크 형태로 산출물을 전시 (오프라인) - 투닝 보드를 활용하여 각 산출물에 반응 및 댓글 남기기 (온라인) - 메타버스 ZEP 온라인 클래스를 활용한 콘텐츠 전시회에 참가하여 갤러리 워크 진행하기 **[정리] 활동에 대한 디브리핑 및 차시 예고** - 에듀테크를 활용한 콘텐츠 크리에이팅 활동의 의의 복습하기 - 다음 차시 예고

인간과 기술의 공생을 위한 휴먼 컴퓨테이션을 직접 실천해볼 수 있는 활동으로 구성된 이번 차시는 정보의 대홍수 속에서 인공지능을 현명하게 쓰는 방법을 주제로 다루며, 인간과 기술의 공존 가능성 및 공생 방안에 대한 의견을 나누었습니다. 나아가 학습자들은 모둠별로 디지털 데이터 문해력 증진 캠페인 프로젝트를 기획하고, 이를 홍보하기 위해 숏폼 영상, 카드뉴스, 웹툰, 포스터 등 다양한 형태의 콘텐츠로 제작하였습니다. 제작된 결과물은 투닝 보드 및 메타버스 ZEP을 활용해 온라인 갤러리 워크 형식으로 발표하고 공유하였습니다.

생활 기록부 세부 능력 및 특기사항 기재 예시

기재 예시

'비인칭시점으로 바라보는 인공지능의 데이터 편향성 탐구' 프로젝트에 참가하여 핵심 질문을 활용한 단계별 발문을 통해 디지털 문해력을 이해하고, 러닝 퍼실리테이션 학습 모델을 적용한 토론을 진행함. 이 과정에서 기술의 수단성과 윤리적 규제 문제를 중심으로 인공지능의 통제 가능성에 대한 자신의 의견을 제시함. '인간은 인공지능을 통제할 수 있다'를 주장으로 내세워 관련된 이유와 근거를 연계하여 타당성을 갖춘 논거를 제시함.

특히 다양한 에듀테크 플랫폼을 활용하여 인공지능의 데이터 편향성을 직접 실증해 탐구함. 필터버블 현상과 할루시네이션 등 주요 사례를 학습하고, 데이터 편향의 유형 중 '처리 편향'에 관심을 가짐. 이를 자신의 관심 분야인 마케팅 직무와 연계하여 광고에 쓰이는 '색채'가 가진 상징성과 정치적 프레임을 연결 지어 이에 대해 인공지능에 의해 산출된 답변에서 데이터 편향성 정도를 분석함. 이 과정에서 학습자의 정밀한 단계별 프롬프트 엔지니어링 실력이 돋보였으며, 정보 분석과 편향성 인식에 대한 높은 성취도가 인상적임. 나아가 다른 학습자들과 '인간과 기술의 공존 가능성 및 상호작용 방향성'에 대해 토의하며, 평소 인공지능 데이터 활용에 무지했던 모습을 반성함. 이후 자신의 경험을 살려 모두의 공감성을 끌어낼 수 있도록 디지털 데이터 문해력 증진 캠페인을 기획하고, 이를 알리기 위한 웹툰 콘텐츠를 제작하여 온라인 갤러리 워크에 참여함. 제작한 콘텐츠가 동료평가에서 큰 호응을 받음.

학생 수업 후기

3학년 0반 이OO 학생

친구들과 직접 프로젝트를 주도적으로 기획했던 경험을 처음 해봤는데 조별과제를 하는 느낌이라 새로웠고, 인공지능을 활용해 제작한 결과물이 나오니까 신기했다. 특히 투닝 매직을 활용해서 인공지능이 산출한 이미지에 담긴 편향성을 분석하는 과정이 기억에 남는다. 친구들이 만든 결과물도 갤러리 워크를 통해 함께 공유하고 돌아보며 인공지능의 데이터 처리에 대한 관점을 폭넓게 넓힐 수 있었다.

3학년 0반 김OO 학생

데이터 편향성에 대해 들어만 봤지, 평소 인공지능을 활용했을 때는 편향성을 갖고 있는 데이터인지 의심해볼 생각도 못 했는데, 이번 수업을 통해 직접 인공지능의 데이터 편향성을 실증하고 탐구하면서 무작정 인공지능을 활용하기에만 급급했던 내 모습을 반성하게 되었다. 실제로 투닝 GPT를 사용하는 데이터 편향 실증 과정에서 내가 선택한 캐릭터와 대화를 하는 과정은 다른 챗봇과 달리 진로와 연결 지어 탐구할 수 있어 좋았지만, 인공지능이 무작정 맞는 답변만 하는 게 아니라 잘못된 데이터를 학습시키면 잘못된 답변을 산출할 수도 있다는 것을 직접 실증해볼 수 있어 놀라웠다.

수업 성찰

본 수업 사례의 핵심은 학습자가 직접 실증을 통해 단계별 핵심 질문 능력을 기르고, 무엇보다 자연스럽게 데이터 문해력과 비판적 사고력을 길러가는 과정을 선명하게 확인할 수 있다는 점이다. 이 과정에서 학습자는 프롬프트 엔지니어링도 자연스럽게 습득하며, 자유자재로 인공지능을 학습시키기도 하였다.

따라서 학생들은 본 수업을 통해 다양한 디지털 정보 출처를 비판적으로 분석하고 평가하였으며, 데이터를 해석할 때 발생할 수 있는 편향성을 인식하고, 이를 최소화할 수 있는 방법을 학습함으로써 더 공정하고 신뢰할 수 있는 결론을 도출할 수 있었다. 또한, 신뢰할 수 있는 정보와 그렇지 않은 정보를 구분하는 방법을 배우고, 정보의 정확성을 검증하는 과정에서 데이터를 수집, 분석, 시각화하는 기술을 학습하여 실질적인 문제 해결 능력을 배양할 수 있게 되었다. 더불어 온라인 환경에서의 올바른 행동과 윤리적 책임에 대해 배우고, 디지털 사회의 일원으로서 긍정적인 영향을 미칠 수 있는 행동 양식을 체득하였다. 특히 데이터를 수집하고 사용하는 과정에서 발생할 수 있는 윤리적 문제에 대해 이해하고, 이를 해결하는 방법을 학습함으로써 데이터 사용의 윤리적 책임을 강화하는 모습을 보였다.

놀라웠던 점은 수업을 통해 학습자가 데이터를 기반으로 합리적이고 객관적인 의사결정을 내리는 능력을 자연스럽게 배우며, 실생활의 다양한 문제를 해결하는 데 적용했다는 것이다. 디지털 네이티브답게 다양한 디지털 도구와 데이터를 활용하여 창의적이고 혁신적인 문제 해결 방법을 모색하는 모습을 보였다.

디지털 문해력과 데이터 분석 능력은 현대 사회에서 매우 중요한 역량이다. 이를 통해 학습자는 본 수업에서 자신의 진로와 연계하여 다양한 직업적 기회를 탐색하고 준비할 수 있었으며, 디지털 도구와 데이터를 활용한 협업 프로젝트수업을 수행하는 과정에서 팀워크와 협력 능력을 강화할 수 있었다고 생각한다.

박채린(채린티) *"실제 삶과 연결 지어 온 감각으로 느끼는 국어 수업"*

약력 22개정 고등 문학 교과서(비상교육) 집필
2024 제2회 천재교육 T셀파 수업혁신연구대회 대상
교육부 교실혁명 선도교사, 참쌤스쿨 9기

SNS Insta : @chaerin_t
Blog : https://blog.naver.com/chaerint

청년 윤봉길,
투닝 AI를 통해 웹툰으로 살아나다

에듀테크 교사 연구회 대표 / 중학교 역사 교사 김동은

김동은 (동쌤)

"에듀테크를 통해 아이들이 치열하고 생생한 역사를 경험했으면 좋겠어요"

약력
에듀테크 교사 연구회 대표
(사)교사성장학교 에듀테크팀장
서울시교육청 AI·에듀테크 선도교사

SNS
Insta : @dongssam_universe
Blog : https://blog.naver.com/history1592
Youtube : '동쌤 플레이'

"동쌤! 지금 역사 수업 시간인데 왜 컴퓨터실에 가나요?"

에듀테크 역사 수업을 기획하여 실행에 옮기기로 한 첫 날, 아이들은 마치 '역사는 과거에 관련된 지식을 배우는데 왜 굳이 스마트 기기를 활용하는거지?'라는 표정으로 궁금해 했습니다. 그리고 컴퓨터실에서 진행하는 학기 첫 역사 수업, 저는 저만의 역사 수업 철학과 앞으로 진행될 역사 수업의 방향에 대해 아이들에게 설명하고 이에 대해 아이들과 함께 논의하는 시간을 가졌는데요. 지금까지 아이들이 경험했던 역사 수업은 대부분 '선생님의 설명'에 크게 의존하는 경우가 많았습니다. 딱딱한 지식도, 선생님의 입을 통해 내러티브(이야기)로 구조화되면 마치 타임머신을 타고 시공간을 뛰어 넘어 그 시대에 다녀온 것처럼 생생하게 들리곤 했죠. 하지만 이러한 내러티브식 수업과 사료(史料)를 바탕으로 한 탐구식 수업도 보통 학습 동기가 높은 학생들이나 이미 역사에 대한 사전 지식이 존재하는 학생들만 흥미로워하는 경우가 많습니다. 따라서 역사를 접해본 적이 거의 없거나, 역사에 대한 흥미가 애초부터 없었던 학생들은 포기하는 경우가 다반사죠. 그래서 저는 학생들이 보다 '직접적인 방식'으로, '스스로 탐구를 통해 자신만의 역사 콘텐츠를 만들고 타인과 공유하고 소통하는 역사 수업'을 기획하기로 마음먹게 되었습니다.

오늘이 있기까지 함께 해주신 에듀테크 교사 연구회 운영진 선생님들과의 단체 사진

역사에 큰 흥미가 없는 학생들의 경우 역사를 단순히 암기 과목으로만 단정짓거나, 자신의 삶과 별 관련이 없다고 생각하는데요. 역사와 학생들을 직접적으로 이어줄 수 있는 매개체가 있다면, 또 학생 스스로가 역사 콘텐츠 및 수업의 수용자가 아닌 역사 콘텐츠의 생산자이자 주도적인 참여자로서 발돋움할 수 있다면 분명 이야기가 달라질 것이라는 생각이 들었기 때문입니다. 저는 이러한 수업을 구현하기 위한 방법이자 도구로서 '에듀테크'를 선택했습니다. 학생들의 흥미를 높이고 학생 스스로가 역사적 사고력을 통해 자신만의 역사 콘텐츠를 생산해내는데 최적의 방법일 뿐 아니라, 종이 1장 낭비 없이 신속하고 효과적으로 수업의 효과성을 끌어낼 수 있으면서도 교사의 구체적인 안내만 있다면 교실은 물론 지역 사회를 넘어 전 세계인과 소통할 수 있는 수업 도구이자 방법이었기 때문입니다.

이를 실천해가면서, 아이들이 메타버스 공간에서 역사 인물들을 만나며 친숙해지고, 인공지능으로 역사 이야기를 디자인하며 역사적 상상력을 높여가는 모습을 볼 수 있었습니다. 그런 와중에 다양한 교과 선생님들과 만남을 통해 에듀테크 수업의 영역을 확장·연계해야겠다는 생각을 하게 되었고, 전국 초·중등 에듀테크 교사 연구모임인 '에듀테크 교사 연구회'를 창립하게 되었습니다. 그리고 선생님들과 더불어 AI 투닝을 활용한 수업 자료를 공동 개발하고 공동 연구하면서, 다양한 수업 아이디어에 대한 영감을 책으로 녹여 소개해보자는 의견이 모아져, 드디어 선생님들께 보여드릴 수 있게 되었습니다. 제 파트에서는 AI 투닝을 활용한 역사 수업 사례를 말씀드리려고하는데요! 지금부터 그 생생한 현장 속으로 들어가 보겠습니다.

1. Toon-ON : 투닝 AI와 청년 윤봉길의 만남

중학교 3학년 학생들과 한국사를 가르치고 배우는 와중, 절대 잊지 말아야 할 날이 다가오고 있었습니다. 4월 29일, 윤봉길 의사의 의거일이었죠. 사실 아이들은 '윤봉길' 이름 석 자는 들어보았어도, 윤봉길 의사가 어디서, 무엇 때문에 의거를 했는지, 윤봉길 의사의 의거가 도대체 어떤 역사적인 의미를 지니고 있는지는 제대로 모를 뿐 아니라 생각해 볼만한 기회도 없었다라고 대답했습니다. 역사에 관심이 있다고 자부하던 학생들도 여전히 윤봉길 의사가 '도시락 폭탄'을 던졌다고 잘못 알고 있거나, 왜 일본이 중국 땅에서 열렸던 행사에 윤봉길 의사가 가게 되었는지 잘 모르는 학생이 태반이었죠. 그래서 아이들이 직접 '윤봉길 의사'의 행적과 '청년 윤봉길'의 삶을 들여다보고 이를 자신만의 시각으로 해석하고 표현해봄으로써 역사적 의미를 되새길 수 있는 수업을 기획하기로 마음먹었습니다.

그래서 아이들에게 의미 있는 교육적 경험을 만들어줄 수 있는 방법을 찾다가, 우연히 웹툰 『전지적 독자 시점』을 읽고 있는 여럿의 학생들을 보게 되었습니다. 그래서 "이 웹툰이 왜 좋아?"라고 물어봤죠. 그러자 아이들은 "주인 공의 시점에서, 다른 사람의 시점에서 주인공의 삶을 들여다보는 게 굉장히 재밌어요. 이야기도 짱짱하고요."라고 대답했는데요. 그 순간 머릿속에 "이거다!"라는 생각이 들었습니다. 청소년기의 중학생들은 자신 뿐 아니라 다른 사람에게도 관심이 많습니다. 그걸 가끔 부적절한 방식(?)으로 표현해서 문제인 것이죠. 웹툰이라는 방식이 가상의 인물에게도 아이들을 흠뻑 빠져들도록 매료시킬 수 있다면, 현실을 살았던 윤봉길 의사에게도 분명 빠져들 수 있을 것이라는 생각이 들었습니다. 그리고 윤봉길 의사를 웹툰으로 표현했던 사례를 찾아보다가 『독립운동가 100인 만화 프로젝트』라는 작품을 알게 되었고, 이를 모티브로 학생들이 '그림 실력과 상관없이 역사적 상상력과 역사적 감정이입 능력을 키울 수 있는 웹툰 제작 수업'을 구체화하게 되었죠. 바로 투닝은 그러한 저의 수업 목적을 실현해주는 가장 효율적이면서도 효과적인 도구이자 동반자가 되어주었습니다. 그 수업의 전체적인 개요와 목표부터 살펴보도록 하겠습니다.

❚ 2. Toon-ING : 투닝 AI를 활용한 윤봉길 프로젝트 수업

학습 목표 ❚ 생성형 인공지능 투닝을 활용해 독립운동가 윤봉길에 대한 역사적 사실을 조사·탐구·정리하고, 조사한 내용을 바탕으로 윤봉길 의사에 관련된 웹툰을 제작하고 이를 공유할 수 있다.

활동 소개	투닝 GPT를 활용해 진행한 독립운동가 윤봉길 의사에 대한 자료 조사를 바탕으로, 투닝 매직, 투닝 에디터를 활용하여 독립운동가 윤봉길 의사와 청년 윤봉길의 삶을 조명하는 네 컷 웹툰을 제작하는 수업 [1차시] 투닝 GPT를 활용하여 독립운동가 윤봉길과 청년 윤봉길의 삶을 조사하고 웹툰 시나리오 초안 작성하기 [2차시] 투닝 매직, 투닝 에디터를 활용해 윤봉길 네 컷 웹툰을 제작하고 투닝 보드에 공유하여 동료 평가 진행하기
활동 의도	• 투닝 GPT를 활용하여 독립운동가와 청년 개인으로서의 윤봉길의 삶을 조명하고 윤봉길과 대화를 나누며 이를 웹툰 시나리오로 작성하는 과정에서 역사적 감정이입 능력과 역사적 상상력을 함양한다. • 작성한 웹툰 시나리오를 바탕으로 투닝 매직, 투닝 에디터를 활용하여 윤봉길 네 컷 웹툰을 제작하고 공유함으로써 역사 정보 활용 및 의사소통 능력과 정체성과 상호존중 역량을 함양한다.
활동 유형	• 생성형 인공지능을 활용한 글쓰기 수업 • 생성형 인공지능을 활용한 프로젝트 수업
투닝 AI	• 투닝(Tooning) GPT • 투닝(Tooning) 매직 • 투닝(Tooning) 에디터 • 투닝(Tooning) 보드

2015 개정 교육과정	성취 기준	[9역12-01] 국민 국가를 건설하려는 다양한 노력들을 살펴보고, 그 결과 대한민국 정부가 수립되었음을 이해한다.
	교과서 단원	VI. 근·현대 사회의 전개
2022 개정 교육과정	성취 기준	[9역13-02] 국권 피탈 이후 전개된 민족 운동을 세계사적 관점에서 이해한다.
	교과서 단원	VI. 근·현대 사회로의 전환

수업 설계 흐름

[1차시] 투닝 GPT를 활용하여 독립운동가 윤봉길과 청년 윤봉길의 삶을 조사하고 웹툰 시나리오 작성하기

· 도입 (5분)
- 대표적인 웹툰 『전지적 독자시점(124화, 바꿀 수 없는 것(4), '민족의 독립운동가')』과 『독립운동가 100인 웹툰 프로젝트』를 참고하여 웹툰을 통해 구현된 독립운동가의 삶을 살펴보고 역사적 상상력을 통해 구현된 독립운동 관련 웹툰의 교육적 효과성에 대해서 생각해본다.

· 전개 (35분)
- 투닝 GPT에서 구현된 AI 윤봉길과의 대화를 통해 독립운동가 윤봉길의 삶과 대표적인 행적을 조사하고, 이를 토대로 웹툰 제작을 위한 시나리오를 모둠별로 작성하고 투닝 보드에 공유한다.

· 정리 (5분)
- 모둠별로 투닝 보드에 업로드한 시나리오를 학생들이 교차 검토하고, 평가 기준에 따라 동료 피드백을 남긴다.

[2차시] 투닝 매직, 투닝 에디터를 활용해 윤봉길 네 컷 웹툰을 제작하고 투닝 보드에 공유하여 동료 평가 진행하기

· 도입 (5분)
- 지난 시간에 투닝 보드에 동료 학생들이 남긴 모둠별 웹툰 시나리오에 대한 피드백을 바탕으로 웹툰 시나리오를 최종적으로 보완한다.

· 전개 (35분)
- 작성한 웹툰 시나리오를 바탕으로 투닝 매직을 통해 웹툰 화면을 생성하고, 투닝 에디터를 통해 웹툰을 제작·편집·완성한다.

· 정리 (5분)
- 모둠별로 완성한 웹툰을 투닝 보드에 공유하고, 평가 기준에 근거하여 동료 평가를 진행한다. 동료 평가 우수작으로 선정된 학생들의 작품은 학교 내외에 공유 및 일반화하여 수업 사례가 확산될 수 있도록 지도한다.

평가 관점	평가 세부 기준	배점
윤봉길 웹툰 시나리오 작성	웹툰 시나리오에 윤봉길에 관련된 3가지 이상의 역사적 사실이 구체적인 근거와 함께 반영되었는가? [1가지 누락될 때마다 1점씩 감점]	5
	웹툰 시나리오의 연결성, 맥락, 구조가 자연스럽고 처음 보는 독자도 이해할 수 있는 내용으로 구성되었는가?	5
	웹툰 시나리오가 진부하지 않고 창의적인 요소를 2가지 이상 지니고 있는가? [1가지씩 누락될 때마다 1점씩 감점]	5
윤봉길 웹툰 제작	시나리오의 내용을 바탕으로 웹툰을 제작하였으며, 웹툰에서 윤봉길의 삶과 역사적 행적이 3가지 이상 드러나는가? [1가지씩 누락될 때마다 1점씩 감점]	5
	웹툰 시나리오의 연결성, 맥락, 구조가 자연스럽고 처음 보는 독자도 이해할 수 있는 내용으로 구성되었는가?	5
	웹툰 시나리오가 진부하지 않고 창의적인 요소를 2가지 이상 지니고 있는가? [1가지씩 누락될 때마다 1점씩 감점]	5
AI 투닝 활용의 윤리성과 효과성	투닝 GPT, 투닝 매직, 투닝 에디터를 활용하는 과정에서 반드시 지켜야 할 윤리적 태도, 인공지능 리터러시를 견지하였는가?	5
	투닝 GPT를 이용하는 과정에서 윤봉길에 관련된 명령어를 역사적 사실에 맞게 작성하였고, 투닝 GPT를 활용해 찾은 정보의 출처를 검증하고 웹툰 시나리오에 반영하는가?	5
	투닝 매직을 활용하여 웹툰 시나리오에 적합한 웹툰 장면을 생성하였으며, 투닝 에디터를 활용하여 역사적 의미를 전달하기에 효과적이면서도 가독성 있는 웹툰을 제작하였는가?	5

평가 세부 기준

※ 교사는 과제 수행 시 학생 개인의 참여도 및 수행에 따라 항목당 1~2점씩 가감점을 부여할 수 있다.

[1차시] 투닝 GPT를 활용하여 독립운동가 윤봉길과
청년 윤봉길의 삶을 조사하고 웹툰 시나리오 작성하기

투닝 GPT 윤봉길 초기 화면

학생들이 역사 인물에 대한 웹툰을 제작할 때, 가장 중요한 것은 웹툰을 잘 그려내는 것만이 아니라 충실한 역사적 사실을 기반으로 짜임새 있는 웹툰 시나리오를 작성하는 것인데요. 이번 수업을 기획하기 위해 사전에 제가 가르치는 학생들 157명 중 무작위로 50명을 뽑아 조사한 최근 설문에서도 가장 즐겨보는 웹툰이 재밌다고 생각하는 이유에 대해 웹툰 그림체와 시각적인 효과가 마음에 들어서(21%)를 제치고 탄탄한 스토리와 인물들의 관계가 흥미로워서(68%)가 1위를 차지하기도 했는데요. 그만큼 웹툰 제작에서 제대로 된 스토리를 구성하는 것은 무엇보다 중요합니다, 하지만 중학교 학생들 입장에서 역사적 인물에 대한 깊이 있는 정보와 출처를 정리하기란 여간 어려운 일이 아닙니다. 이번 수업 이전에도 아이들이 흥미로워할 것 같아 시작했던 역사 웹툰 제작 프로젝트 수업에서 아이들이 자료 조사 과정에서 너무 애를 먹다보니 지쳐서 포기하는 경우도 있었죠. 하지만 이번 수업에서 실제 역사 인물과 대화를 나누는 형식처럼 구현하여 역사적 감정이입을 최대화한 투닝 GPT를 이용하니 결과는 달라졌습니다.

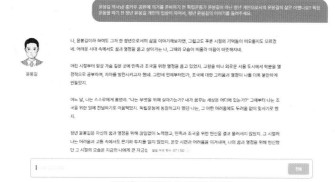

투닝 GPT 활용 프롬프트 예시

투닝 GPT 활용 수업 장면

투닝 GPT는 일반적인 생성형 AI 챗봇과 달리 특정 인물이나 특정 대상의 입장에서 실제로 사용자(학생)가 대화를 하는 것처럼 느낄 수 있도록 구현된 챗봇 모델인데요. 학생들이 직접 경험할 수 없는 역사 교과에서는 가장 탁월하게 사용될 수 있는 모델입니다. 단, 학생들이 바로 투닝 GPT와 대화를 나누는 것이 아니라 선생님께서 구체적인 예시를 보여주시면 훨씬 더 효과적인 수업이 이루어질 수 있습니다. 생성형 인공지능의 특성상 적절한 프롬프트(명령어)를 입력하지 않을 경우 제대로 된 답변을 얻지 못하거나, 할루시네이션(Hallucination)[1]이 발생할 가능성이 있기 때문에, 투닝 GPT에게 제대로 된 명령어를 입력하는 것이 중요한데요. 보통 프롬프트를 제대로 기획하고 작성하려면 오랜 시간이 걸리지만, 이번 활동은 아이들이 역사에 관련된 전문 지식을 조사하고 암기하는 것이 목적이 아니라 윤봉길 의사에 관련된 핵심 정보를 토대로 역사 콘텐츠를 창작해보는 데 목적이 있으므로, 간단한 프롬프트 예시를 통해서도 적합한 답변을 끌어낼 수 있음을 보여주실 수 있습니다. 그리고 정보의 진위와 신뢰성을 판단하기 위해 학생들에게 국사편찬위원회에서 운영하고 있는 <우리역사넷> 사이트로 접속해 윤봉길 의사의 활동과 생애를 GPT가 답변한 내용과 비교하도록 함으로써 인공지능 리터러시 역량은 물론, 요약된 역사 정보를 구체적인 근거 자료를 통해 확인하고 분석하는 능력을 함양할 수 있습니다.

1) 할루시네이션(Hallucination): 생성형 인공지능 언어 모델에서 주어진 데이터 또는 맥락에 근거하지 않은 잘못된 정보나 허위 정보를 생성하는 것을 의미한다.

학생들이 윤봉길 의사에 관련된 핵심 내용을 정리한 후에는, 투닝 GPT 기능을 이용해 웹툰 스토리의 초안을 작성해보도록 유도해볼 수 있습니다. 이 때도 선생님께서 적합한 명령어를 예시로 제시해주시면 훨씬 더 효과적인 수업이 진행될 수 있는데요! 가령, "넌 윤봉길 의사의 네 컷 웹툰을 제작하게 된 웹툰 작가야. 윤봉길 의사의 한인애국단 가입 장면에 관련된 정확한 역사적 사실을 바탕으로 네 컷 웹툰의 스토리를 구체적으로 작성해줘."라고 명령어를 입력하면, 보시는 자료와 같은 소스를 얻으실 수 있죠. 아이들이 투닝 GPT가 답변해준 내용을 그대로 베끼는 것이 아니라, 참고 자료로써 활용하도록 지도하시기를 권장드리며, 각자 팀원들과 생각하여 이야기한 내용들을 바탕으로 역사적 상상력을 가미하여 최종 스토리를 작성하도록 안내하시면 됩니다. 추후 투닝 GPT가 답변한 내용의 출처도 알아볼 수 있는 기능도 추가할 예정이라고 하니, 투닝 안에서 모든 조사와 제작이 가능해질 것이라는 생각이 듭니다.

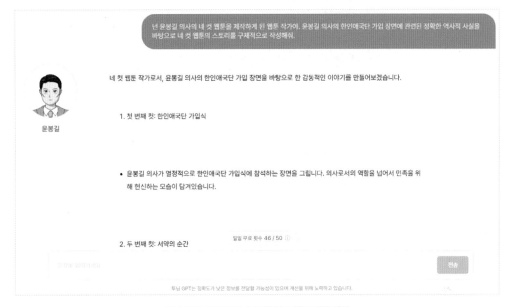

투닝 GPT 활용 웹툰 스토리 참고 자료 제작 예시

[기획안] 1. 1908년 6월 21일 충청남도 덕산군 현내면 조랑리에서 태어난 윤봉길을 넣음 2. 일본인에게 학교에서 교육받는것에 불만을 느끼고 한학을 배움. 3. 청년시절 많은 운동에 참여한 윤봉길 의사는 중국에 넘어가게 된다. 4. 청년 시절에는 농민 운동에 관심이 많았다. 1929년 오치서숙을 졸업한 윤봉길은 농촌 계몽 활동, 농촌 부흥 운동, 야학 활동, 독서회 운동 등을 시작하였다. 여러운동에 참여한 윤봉길 5. 중국 상하이에서 중국인들을 대상으로 채소 장사를 하던 그는 1931년 겨울 대한민국 임시정부의 국무령인 김구를 찾아, 독립운동에 몸바칠 각오를 호소해 그가 주도하는 한인애국단에 가입했다. 김구는 1932년 4월 29일 상하이의 훙커우 공원(현 루쉰 공원)에서 열리는 일본 천황의 생일연(천장절)과 상하이 점령 전승 기념 행사를 폭탄으로 공격할 계획을 세웠으며[3], 협의 끝에 투척하기로 결의하였다. 당시 훙커우 공원에는 상하이 일본군 1만명, 상해 거주 일본인 1만명, 그밖에 각국사절, 각계 초청자 등 2만이 넘는 인파가 모였다. 6.폭탄 투척 직후 체포, 곧바로 헌병으로 넘겨지면서 보다 가혹한 심문과 고문을 받은 것으로 알려졌다.[8] 1932년 5월 28일 상해파견 일본 군법회의에서 사형을 선고 받고 1932년 11월 18일 일제 대양한 편으로 일본 오사카로 후송되어 20일 오사카 육군형무소에 수감되었다. 1932년 12월 18일 가나자와 육군구금소로 이감되었다.[2] 1932년 12월 19일, 일본 가나자와에서 총살형을 당했다.[

학생들의 투닝 GPT 활용 웹툰 시나리오 작성 예시

학생들은 모둠별 토의 및 논의를 통해 웹툰 시나리오 및 기획안을 작성, 퇴고, 확정하고 평가 기준에 근거해 동료들의 1차 피드백을 받기 위해 투닝 보드에 업로드하여 모둠의 기획안을 공유하는데요. 투닝에서는 GPT-매직-에디터-보드가 일원적으로 편성되어 있어 생성형 AI를 활용해 작업한 교과 내용 관련 활동 결과물을 보드로 쉽게 연계하고 공유할 수 있습니다. 선생님들께서 많이 사용하시는 패들렛(Padlet)보다 용량도 훨씬 크기 때문에 투닝 AI를 활용한 수업 활동에 안성 맞춤이죠! 앞으로 투닝 보드에 업로드 할 수 있는 다양한 형식의 파일(확장자)이 지원될 예정이라고 합니다.

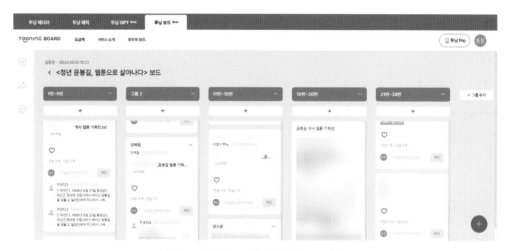

투닝 보드에 웹툰 스토리(기획안) 업로드 예시

[2차시] 투닝 매직, 투닝 에디터를 활용해 윤봉길 네 컷 웹툰을 제작하고 투닝 보드에 공유하여 동료 평가 진행하기

투닝 매직 명령어 작성을 위한
투닝 GPT 활용 모습

투닝 매직을 활용해 구현한
윤봉길 의사의 의거 전 모습 (파블로 피카소 화풍)

학생들이 투닝 GPT를 활용해 웹툰 스토리(기획안)와 동료 피드백을 모두 작성한 후, 2차시에는 동료 학생들이 남긴 피드백을 바탕으로 웹툰 스토리 초안을 최종적으로 점검·확정한 후 본격적으로 윤봉길 의사 웹툰 구현 작업에 들어가게 되는데요! 투닝 에디터를 활용하기 전, 학생들이 직접 스토리를 바탕으로 중요한 장면(명장면)을 투닝 매직을 통해 구현할 수 있는 기회를 부여했습니다. 투닝 매직은 학생들이 구현하고자 하는 이미지의 명령어를 통해 바로 웹툰에 사용할 수 있는 이미지를 생성할 수 있고, 특정 화가의 화풍을 반영하여 이미지를 생성할 수 있는데요!

위 그림은 학생들이 윤봉길 의사와 동시대에 활동하던 초현실주의 화가 파블로 피카소(Pablo Picasso, 1881~1973)가 윤봉길 의사의 의거 모습을 표현한다면 어떻게 그렸을지 생각하여 표현한 것인데요. 이번 수업을 진행하기 전 계기 교육으로 6·25 전쟁 속 민간인 학살의 역사 수업에서 제가 아이들에게 소개했던, 파블로 피카소가 그린 「한국에서의 학살(Massacre en Corée)」에서 영감을 받았다고 했습니다. 이렇게 한국사와 세계사를 연결지으며 미술과 역사를 연계한 학습도 투닝 매직에서는 가능합니다.

투닝 매직을 활용하여 생성한 윤봉길 의사의 모습 예시

투닝 매직 결과물을 활용한 웹툰 컷 제작 예시

동은쌤의 투닝 활용 역사 수업 Tip!

현재 생성형 인공지능의 기술로는 모든 국가, 특히 대한민국의 모든 정보를 학습하거나 이를 구현하기에는 무리가 있습니다. 따라서 특정 인물의 이름이나, 너무 압축적인 정보를 명령어로 입력할 경우 원하는 결과를 얻지 못할 확률이 높습니다. 가령 학생들이 윤봉길 의사를 비롯한 우리나라 독립운동가 이미지 생성을 위한 명령어를 입력할 때, '1932년, 윤봉길 의사가 중국 홍커우 공원에 참석해 두 손에 폭탄을 들고 서서 굳은 결심을 한 표정'이라는 명령어가 아닌 구현하고자 하는 모습을 상세하게 설명하는 것이 필요한데요. 해당 역사적 인물의 특성이나 성격, 외모 등을 묘사하는 설명을 명령어(프롬프트)로 적어주는 것이 이미지를 생성하는 데 훨씬 효과적입니다. 역사교육에서의 '성향적 설명'을 바탕으로 한 명령어가 가장 효과적이라고 생각하시면 좋을 것 같습니다. 이를 적용해본다면, 위에서 말씀드린 사례를 '1932년, 검은 양복 자켓을 입고 검은 색 일자형 넥타이를 매고, 머리를 5:5 가르마로 깔끔하게 넘긴 한국의 청년이 사람이 많은 행사장에 참석해 두 손에 폭탄을 들고 서서 굳은 결심을 한 표정'이라는 명령어로 입력힌다면 보다 구체적인 결과를 얻을 수 있습니다.

궁금해요 동은쌤!

Q : 학생들이 투닝 AI를 새로운 역사 콘텐츠를 만들었는데, 이에 대한 저작권을 가질 수 있을까요?

방통위 생성형 AI 윤리 가이드 및 QR 코드

투닝 AI도 큰 범주에서 생성형 인공지능에 속하므로, 생성형 인공지능이라는 범주 안에서 설명드릴게요! 생성형 인공지능이 자동적으로 생성한 음악이나 그림(사진), 소설과 같은 결과물은 현행 저작권법의 보호대상이 아닙니다.[2] 하지만 학생들이 생성형 인공지능이 만든 결과물에 창작적인 표현을 추가했다면 해당 기여분에 대해서는 저작권을 가질 수 있습니다. 생성형 인공지능이 특허법상 발명자로 인정될 수 있는지 여부에 대해서 법원은 "기술적 사상이란 결국 인간의 사유를 전제로 하는 것이고, 창작 역시 인간의 정신적 활동을 전제로 하는 것이다...(중략)...발명자의 지위는 원칙적으로 권리능력이 전제가 되어야 한다...(중략)... 인공지능은 법령 상 자연인과 법인 모두에 포섭되지 않으므로 현행 법령 상으로 인공지능에게 권리능력을 인정할 수도 없다"라고 판시한 사례도 있습니다(서울행정법원 2023.6.30. 선고 2022 구합89524 판결). 아이들이 질문을 할 경우 참고해주시면 좋을 것 같습니다!

---

2) 방송통신위원회, 「생성형 AI가 만든 저작물 저작권은 누가 갖게 될까요?」, 대한민국 정책브리핑, 2024.04.04.

투닝 에디터를 활용한 윤봉길 웹툰 제작 모습

학생들은 투닝 매직에서 작업한 결과물을 별도로 다운 받아서 투닝 에디터에 올릴 필요 없이, 오른쪽 화면에서 작업한 결과물의 목록에서 '캔버스로 보내기' 기능을 통해 바로 투닝 에디터 캔버스에 연계할 수 있는데요. 투닝 매직을 활용한 기반 작업이 끝나면, 이제 본격적으로 투닝 에디터를 활용해 윤봉길 의사 웹툰 제작을 진행합니다.

학생들은 주어진 템플릿과 투닝 AI 기능, 그리고 에디터 속 다양한 기능들을 활용하여 자신의 모둠이 작성한 스토리를 바탕으로 웹툰을 구현해 냈는데요! 투닝의 전체적인 인터페이스와 기능이 짧은 시간에도 학습하기 쉽도록 구조화되어 있기에 학생들은 자신이 원하는 기능을 활용해 윤봉길 의사의 삶을 재현해냈습니다. 학생들은 투닝 에디터를 활용해 청년 윤봉길, 그리고 독립운동가 윤봉길의 삶을 표현하는 과정에서 "쌤~ 같은 내용을 배웠는데도 이렇게 다른 결과물이 나올 수 있다는 게 정말 신기해요! 쌤이 평소에 역사는 '근거를 토대로 한 해석의 학문'이라고 이야기하셨었는데, 이제는 그 말이 무슨 말인지 이해할 수 있을 것 같아요!"라고 이야기해주어, 참 뿌듯했는데요! 그럼, 학생들이 제작한 대표적인 결과물 예시들을 함께 살펴볼까요?

투닝 에디터로 구현한 윤봉길 웹툰 1

투닝 에디터로 구현한 윤봉길 웹툰 2

그리고 학생들은 투닝 에디터로 작업하는 와중에도 지속적으로 모둠원과 대화를 나누고 소통하며 웹툰을 다듬고 정리해나갔는데요. 수업 종료 시간이 다가왔을 때 즈음, 모둠장이 주도하여 모둠의 웹툰 제작을 완료하고 투닝 보드에 공유했습니다. 투닝 매직 때와 마찬가지로, 투닝 에디터도 작업한 결과물을 바로 투닝 보드에 공유할 수 있기 때문에 굉장히 편리한데요!

투닝으로 구현한 윤봉길 웹툰 보드 (투닝 보드 QR)

투닝 보드에 모든 모둠의 작품이 공유되면, 모든 학생들은 평가 기준에 맞추어 자신의 모둠을 제외하고 가장 잘 작성한 모둠의 작품을 우수작으로 선정하는 시간을 갖습니다. 우수작 선정의 과정은 단순히 1등을 가려내거나 시상을 위한 과정이 아니라, 다른 모둠이 작업한 결과물을 관찰학습하며 역사 정보활용 능력의 다양성과 표현의 다원성을 이해하고 정체성과 상호존중의 의미를 내면화하는 과정입니다. 따라서 단순한 투표 방식이 아닌, 학생들이 직접 모둠의 결과물에 댓글로 피드백을 하도록 유도하는 것도 좋은 방법이 될 수 있습니다. 그럼 우수작으로 선정된 모둠의 결과물을 살펴볼까요?

A 학생 우수작 및 QR 코드

B 학생 우수작 및 QR 코드

C 학생 우수작 및 QR 코드

2차시에 걸친 투닝 활용 윤봉길 웹툰 제작 수업을 통해 학생들은 단순히 독립운동가 윤봉길의 삶 뿐 아니라 청년 윤봉길 개인의 삶도 이해한 것 같았습니다. 제 예상을 뛰어넘는 학생들의 결과물에 뿌듯하기도 하고, 참 기특하다는 생각도 들었는데요. 이러한 수업 실천 결과를 학생들의 생활기록부와 연계했던 사례를 공유하며, 이번 수업 사례에 대한 소개 및 안내를 마무리하고자 합니다.

생활 기록부 세부 능력 및 특기사항 기재 예시

현재 생활 기록부 세부 능력 및 특기 사항 기재 요령에 따르면 특정 기업, 대회 등의 명칭을 삽입하는 것을 엄격히 금지하고 있으므로, 'AI 투닝을 활용한'이라는 명칭이 아닌 '생성형 인공지능을 활용한'이라는 방식으로 기재하셔야 합니다.

우수	생성형 인공지능을 활용하여 윤봉길 의사의 생애와 독립운동 활동을 중심으로 한 웹툰을 모둠원들과 협력하여 제작하였음. 이 과정에서 학생은 윤봉길 의사의 어린 시절부터 의거 당시까지의 주요 사건들을 조사하고, 이를 바탕으로 캐릭터 설계, 시나리오 구성, 장면 연출 등 다양한 역할을 수행하며 협업 능력과 창의력을 발휘하였음. 웹툰 제작 시 단순한 역사적 사실 나열이 아닌, 윤봉길 의사의 애국심과 희생정신을 부각시키고 이를 현대적 관점에서 재해석하는 등 독창적인 작품을 완성하였음. 특히 윤봉길 의사가 상하이 훙커우 공원에서 일본 수뇌부를 향해 폭탄을 던지는 장면을 생동감 있게 표현하여 정체성과 상호존중 역량을 함양하고 학생들의 역사 이해도와 애국심을 높이는 데 기여하였음. 특히 모둠 활동 중 자신의 의견을 적극적으로 개진하는 한편, 다른 모둠원의 아이디어를 경청하고 존중하는 자세를 보였음. 이를 통해 민주시민으로서의 자질과 역사정보 활용 및 의사소통 능력을 향상하였음. 또한 웹툰 제작 과정에서 윤봉길 의사에 관련된 역사적 사실 조사, 캐릭터 및 배경 설계, 시나리오 작성, 이미지 편집 등 다양한 과제를 성실히 수행하였으며, 최종적으로 완성도 높은 작품을 제출하였음. 이를 통해 학생의 종합적인 문제해결 능력과 과제 수행 능력이 두드러졌음.
보통	생성형 인공지능을 활용하여 윤봉길 의사의 생애와 독립운동 활동을 중심으로 한 웹툰을 모둠원들과 협력하여 제작하였음. 이 과정에서 학생은 윤봉길 의사의 어린 시절부터 의거 당시까지의 주요 사건들을 조사하고, 이를 바탕으로 캐릭터 설계, 시나리오 구성, 장면 연출 등 다양한 역할을 수행하며 협업 능력과 창의력을 발휘하였음. 웹툰 제작 시 단순한 역사적 사실 나열이 아닌, 윤봉길 의사의 애국심과 희생정신을 부각시키고 이를 현대적 관점에서 재해석하는 등 독창적인 작품을 완성하였음. 특히 윤봉길 의사가 상하이 훙커우 공원에서 일본 수뇌부를 향해 폭탄을 던지는 장면을 생동감 있게 표현하여 정체성과 상호존중 역량을 함양하고 학생들의 역사 이해도와 애국심을 높이는 데 기여하였음.
미흡	생성형 인공지능을 활용하여 윤봉길 의사의 생애와 독립운동 활동을 중심으로 한 웹툰을 모둠원들과 협력하여 제작하였음. 이 과정에서 학생은 윤봉길 의사의 어린 시절부터 의거 당시까지의 주요 사건들을 조사하고, 이를 바탕으로 캐릭터 설계, 시나리오 구성, 장면 연출 등 다양한 역할을 수행하며 협업 능력과 창의력을 발휘하고자 노력하였음.

▮ 3. Toon-OFF : '살아 있는 윤봉길'을 더 많은 학생이 만나는 날을 꿈꾸며

이번 수업은 참여한 학생들 뿐 아니라 교사로서의 저 자신에게도 커다란 감동과 영감을 주었는데요. 겉보기에 다소 복잡해 보이는 수업이라고 할지라도, 체계적인 목표 설정과 방향, 구체적인 안내가 있다면 학생들의 학습 흥미도와 학습 효과를 크게 높일 수 있다는 것을 체감하게 되었습니다. 특히 이번 활동에서 학생들이 '대충은 알고 있지만 사실 잘 몰랐던' 윤봉길의 양면성(독립운동가로서의 윤봉길, 청년 개인으로서의 윤봉길)을 파악하고 '인간 윤봉길'을 이해하는 과정에서 역사를 보다 친숙하게 느끼고 흥미를 갖는 모습을 보며 큰 감동을 받았습니다.

어떤 학생은 활동을 진행하는 과정에서 "선생님, 투닝 GPT에서 윤봉길 의사랑 대화를 나누니까 마치 윤봉길 의사가 오래 전부터 알고 있던 이웃집 아저씨처럼 느껴져요."라고 하고, 어떤 학생은 활동이 끝나고 "동쌤~ 윤봉길 의사에 대해 제가 아는 지식이 정말 아무것도 없었네요. 그냥 설명만 듣는 게 아니라 제가 직접 친구들이랑 웹툰으로 윤봉길 의사를 만나보니까 더 잘 이해하게 된 것 같아요. 정말 이번 수업은 기억에 오래 남을 것 같아요."라고 이야기해주었습니다. 교육학에서 이야기하는 '실현된 교육과정'이 이런 의미였을까 하고 생각하기도 했습니다.

하지만 제 수업 사례는 선생님들의 에듀테크 수업 발전을 위한 위한 하나의 참고 사례일 뿐입니다. 선생님들만의 에듀테크 수업을 만들어나가는 과정에서, 저의 수업 사례가 조금이나마 도움이 되시기를 간곡한 마음으로 기도하겠습니다!

더 많은 선생님과, 더 많은 학생들이 '살아있는 윤봉길'을 넘어 '살아있는 역사 인물'을 경험하고 체험할 수 있는 날을 꿈꾸며 기다리겠습니다.

김동은(동쌤) *"에듀테크를 통해 아이들이 치열하고 생생한 역사를 경험했으면 좋겠어요"*

약력 에듀테크 교사 연구회 대표
(사)교사성장학교 에듀테크팀장
서울시교육청 AI·에듀테크 선도교사

SNS Insta : @dongssam_universe
Blog : https://blog.naver.com/history1592
Youtube : '동쌤 플레이'

투닝을 통해 배우는 정조,
정조에게 현대를 묻는다.

에듀테크 교사 연구회 연수강연팀 / 중학교 역사 교사 오도윤

강의 목차

1. **과거 : 투닝 교육용 웹툰을 통해 알아보는 정조**

2. **과거와 현재의 만남 : 정조에게 현재의 문제를 묻는다.**

    1) 투닝 GPT를 활용해 정조 탐구하기

    2) 투닝 매직을 활용해 정조 웹툰 소스 생성하기

    3) 투닝 에디터를 활용해 정조 웹툰 제작하기

3. **투닝을 통해 기적을 만들어내다.**

오도윤

"에듀테크가 아이들의 상상력과 사고력을
키울 수 있는 도구가 되었으면 좋겠습니다."

약력
에듀테크 교사 연구회 연수강연팀
교육부 교실혁명 선도교사
2022 리베르스쿨 한국사 교과서
평가문제집 공동 제작진

SNS
Insta : @0918yoon
Blog : https://blog.naver.com/haha1493

이 책을 읽으시는 선생님들께서는 에듀테크를 어떻게 활용하고 계시나요? 안녕하세요. 저는 현재 거제 계룡중학
교에서 역사를 가르치고 있는 역사 교사 오도윤입니다. 저는 작년에 신규교사로 임용되었고 올해 2년차에 접어드
는 아직도 배울 것이 많은 새내기 교사입니다. 제가 작년에 임용이 되고 난 후 가장 많이 했던 고민은 수업에 대한
것이었습니다. 보통의 신규 선생님들께서도 그렇듯 어떤 수업이 좋은 수업이고, 어떤 활동을 해야 학생들에게 도움
이 되고 즐거워할까에 대한 고민이 많았습니다.

그래서 저는 역사교육론 서적을 뒤져보고, 선배 교사들의 수업을 참관하며 다양한 수업과 활동을 시도했지만, 대부분의 활동은 실패를 겪었습니다. 작년을 되돌아보았을 때 제가 실패했던 이유는 제가 온전히 활동을 이해하지 못하고, 제 것으로 만들지 못했기 때문이라는 생각이 듭니다.

다양한 수업 방법을 시도하던 저는 에듀테크를 활용한 수업을 접하게 되었고, 에듀테크를 활용하였을 때 학생들의 반응이 가장 좋았음을 느꼈습니다. 이때부터 저는 더 많은 에듀테크 플랫폼을 찾아보기 시작했고, 연수를 들으며 에듀테크를 공부해 나갔습니다.

처음에는 띵커벨, 카훗 등과 같은 퀴즈를 시작으로 다양한 연수를 통해 알게된 라포라포, ZEP와 같은 방탈출 플랫폼을 활용하기도 했습니다. 그렇게 형성평가나 학습 정리의 목적으로 에듀테크를 활용하던 저는 어느 순간 '4차 산업 혁명 시대를 살아갈 학생들이 단순히 학습 정리용이나 형성평가 목적으로 에듀테크를 활용하는게 옳은가'라는 생각이 들었습니다.

이때부터 저는 에듀테크를 단순히 형성평가나 학습 정리용이 아니라 학생들의 사고력이나 창의력을 발전시킬 수 있는 방향으로 수업을 구상하기위해 노력했습니다. 특히 역사라는 과목에서 학생들이 에듀테크를 활용하여 학생들의 창의력과 상상력으로 역사적 사고력을 자극하는 활동을 통해 조금 더 쉽고 재미있게 역사를 배우고, 지루한 과목이라고만 생각하지 않고 역사의 쓸모를 느꼈으면 좋겠습니다.

▌1. 과거 : 투닝 교육용 웹툰을 통해 알아보는 정조

저는 새학년이 시작되면 첫 시간에 학생들에게 역사라는 과목을 어떻게 생각하는지에 대한 조사를 합니다. 대부분의 학생이 하는 답변은 선생님들께서 생각하시는 답변이 나옵니다. 역사를 좋아하고 재미있어 하는 학생들도 있지만, 대부분의 답변은 외울 것 투성이, 암기 과목, 지루하다 등과 같은 부정적인 답변이 대다수입니다.

요즘 학생들은 어릴 때부터 종이책보다 영상을 보며 자라온 세대이기에 딱딱한 텍스트로 작성되어있는 교과서는 어렵고, 많은 인물과 사건은 외울 것으로 보이기 마련이죠. 하지만 의외로 학생들이 보는 웹툰이나 애니메이션을 보면 역사를 소재로 한 것이나 역사를 알고 보면 더 재미있는 것이 많습니다.

이 부분에서 투닝은 정말 좋은 학습 도구가 될 수 있는데요, 물론 모든 인물은 아니지만 세종, 정조, 유관순 열사 등 많은 인물의 이야기를 '교육용 웹툰'이라는 이름으로 제공하고 있습니다. 학생들은 이 교육용 웹툰을 통해 역사 인물에 대해 심층적으로 탐구하고, 교과서에 나오는 딱딱한 텍스트가 아닌 웹툰으로 공부를 할 수 있는 것이죠.

에듀테크를 활용한 수업을 학생들이 좋아하고 흥미를 가지는 것은 맞지만 교육적 효과를 위해서는 학생들이 수업 내용을 이해하는 것도 중요합니다. 투닝의 교육용 웹툰을 강의와 함께 활용한다면 학생들은 조금 더 재미있게 학습을 할 수 있고, 스스로 탐구하면서 문해력을 키울 수 있습니다.

▮ 2. 과거와 현재의 만남 : 정조에게 현재의 문제를 묻는다.

학습 목표 ▮ 목표 1 생성형 인공지능을 활용해 정조의 정책을 파악할 수 있다.

목표 2 정조의 정책을 바탕으로 현재의 문제를 해결하는 웹툰을 제작할 수 있다.

활동 소개	학생들이 투닝 교육용 웹툰과 투닝 GPT를 활용하여 정조의 정책을 파악하고, 투닝 GPT를 활용해 정조에게 현재 대한민국의 문제를 질문한 뒤 '정조가 현재로 오게 된다면 어떤 방법으로 현재의 문제를 해결할 수 있을까' 라는 주제로 웹툰을 제작하는 활동입니다.
활동 의도	• 역사는 단순히 옛날에 일어난 일이 아니라 오늘날의 문제를 해결할 수 있는 방법을 과거에서 찾을 수 있다는 것을 알려주고 싶었습니다. • 정조의 정책으로 현재의 문제를 해결하는 과정에서 역사적 상상력, 역사적 판단력을 비롯한 역사적 사고력을 키울 수 있을 것이라 생각합니다. • 학생들이 직접 웹툰을 제작함으로써 정조의 정책을 다시 한번 정리할 수 있고, 학습 내용을 오래 기억할 수 있을 것이라 생각합니다.
활동 유형	• 스마트 단말기를 활용한 모둠별 프로젝트 수업 • 스마트 단말기를 활용한 제작 수업 • 스마트 단말기를 활용한 탐구식 수업
투닝 AI	• 투닝 GPT를 활용한 정조와의 대화 • 투닝 매직을 활용한 웹툰 소스 만들기 • 투닝 에디터를 활용한 웹툰 제작

2015 개정 교육과정	성취 기준	[9역11-01] 조선 후기 정치 운영의 변화와 제도 개혁을 파악한다.
	교과서 단원	V. 조선 사회의 변동. 01. 조선 후기의 정치 변동
2022 개정 교육과정	성취 기준	[9역12-03] 왜란과 호란 이후 체제 재정비의 노력과 정치 변동의 모습을 파악한다.
	교과서 단원	V. 조선 사회의 변동. 01. 조선 후기의 정치 변동

활동 유형	• 정조가 즉위했을 때 조선의 붕당 정치와 사도세자의 죽음 이후 　즉위한 정조의 상황을 강의식으로 수업한다. • 활동지를 활용하여 투닝 교육용 웹툰에서 정조가 실시한 정책과 　정책을 실시한 목적을 파악하도록 한다. • 투닝 GPT를 활용하여 현재 대한민국의 문제를 파악하고, 　정조의 정책으로 해결 할 수 있도록 한다. • 웹툰 주제와 모둠별 역할 분담을 하고 '정조가 현재로 온다면'이라는 　주제로 웹툰을 제작한다.		

	평가 관점	평가 세부 기준	배점
평가 세부 기준	정조의 정책에 대한 이해	정조의 정책을 명확하게 파악하여 이를 현대의 문제와 연관지 어 해결하는데 적절히 사용하였다.	5
		정조의 정책을 명확하게 파악하였지만 현대의 문제와 연관짓 지못하고 해결하는데 적절히 사용하지 못하였다.	3
		정조의 정책을 명확하게 파악하지 못하고 현대의 문제와 연관짓 지 못하여 현대의 문제를 해결하는데 적절히 사용하지 못하였다.	1
	정조의 정책과 관련된 웹툰 제작	모둠별로 주제를 선택하여 정조의 정책을 통해 해결할 수 있는 현대의 문제를 1가지 이상 선정하고, 이를 활동지에 적절히 기 재하였다.	5
		투닝 에디터를 활용해 5컷 이상의 웹툰을 모둠별로 협력하여 제작하고, 이를 발표하였다. (5컷 이상 제작 : 5점 / 4컷 제작 : 3점 / 3컷 이하 제작 : 1점)	5
	정조의 정책에 대한 이해	모둠별로 역할을 분담하여 모둠원 모두가 역할을 충실히 수 행하고, 제시된 2장의 학습지를 모두 작성하였다.	5
		모둠별로 역할을 분담하여 모둠원 모두가 역할을 충실히 수행 하고, 제시된 2장의 학습지 중 1장만 작성하였다.	3
		모둠별로 역할을 분담하였지만 모둠원이 역할을 충실히 수행하 지 못하였고, 제시된 2장의 학습지 중 1장도 작성하지 못하였다.	1
	프로젝트 활동 과정에서 모둠 활동에 참여하지 않거나, 활동을 방해하였다.		1

※ 교사는 과제 수행 시 학생 개인의 참여도 및 수행에 따라
항목당 1~2점씩 가감점을 부여할 수 있다.

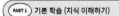

정조, 백성을 위해 노력한 왕

정조는 할아버지 영조가 시작한 탕평책을 계승했습니다. 탕평책은 서로 다른 정치 세력을 배제하지 않고 모두 포용하여 나라를 화합시키는 정책입니다. 정조는 탕평책을 통해 능력 있는 사람들을 등용하고, 나라를 위해 함께 일하도록 했습니다.

정조는 백성의 삶을 돕기 위해 다양한 정책을 펼쳤습니다.
▶ 균역법: 밭을 균등하게 나누어 모든 백성이 밭을 가질 수 있도록 한 정책으로 백성들은 밭을 경작하여 생계를 유지할 수 있게 되었습니다.
▶ 상평통보: 돈의 가치를 안정시켜 물가를 낮추고 백성들의 생활을 안정시켜 백성들이 저렴한 가격으로 물건을 구입할 수 있게 되었습니다.
▶ 규장각: 백성들의 의견을 듣고 정치에 반영하기 위해 학문과 정치를 담당하는 기관을 설립하여 백성들의 삶을 개선하는 다양한 정책을 만들 수 있었습니다.
▶ 민첩: 백성들의 삶을 돕기 위한 다양한 정책을 시행했습니다. 예를 들어, 학교를 설립하여 백성에게 교육 기회를 제공하고, 의료시설을 마련하여 백성들의 건강을 돌보는 백성을 돕는 정책을 시행했습니다.

정조는 백성과 함께 나라를 만들고자 노력했습니다. 정조는 백성들의 의견을 경청하고, 그들의 고충을 함께 나누었습니다. 정조는 백성들에게 존경받는 현명하고 사랑받는 왕이었습니다.

정조의 정책은 조선 시대 백성들의 삶을 개선하고 나라를 발전시키는 데 큰 기여를 했습니다. 오늘날에도 정조의 백성을 사랑하는 정신은 우리에게 귀중한 교훈입니다.

나의 할아버지 영조처럼 인재를 구분 않고 모아서 민생을 안정시키고 문화를 부흥해보자!

저는 학생들이 역사라는 과목을 왜 배워야 하는지 물어볼때가 가장 당황스럽습니다. 임용을 공부하면서 5가지의 역사교육의 목적과 그 외에 다양한 역사교육의 목적을 공부하였지만 '그 목적을 말해주면 학생들에게 와닿을까?'라는 생각이 듭니다. 그래서 저는 투닝을 활용한 활동을 통해 학생들이 스스로 역사학습의 목적을 탐구해보고 '역사의 쓸모'라는 것을 느낄 수 있는 시간을 가질 수 있도록 하고싶었습니다.

부족하지만 저의 고민이 담긴 투닝을 활용한 수업을 소개해 드리겠습니다. 이번 수업은 5차시로 진행이 되었습니다. 1차시에는 정조의 즉위와 정조가 즉위할 당시 조선의 상황을 '사도'라는 영화와 '이산'이라는 드라마를 통해 강의식으로 수업을 진행했습니다. 2차시는 앞서 소개드린 투닝 교육용 웹툰과 투닝 GPT를 활용해 학생들이 스스로 정조의 정책을 파악하는 시간을 가졌고, 3~5차시에는 실제로 학생들이 투닝 에디터를 활용하여 웹툰을 만들어보았습니다.

도윤쌤의 활동 Tip!

투닝에서 제공하는 텍스트가 있습니다.
웹툰 뿐 아니라 텍스트를 활용해서 탐구한다면
더욱 좋은 결과물을 기대할 수 있습니다.

정조

고용문제는 대한민국의 경제 및 사회 전반에 영향을 미치는 매우 중요한 문제로서, 현재 고용 상황은 여러 가지 측면에서의 도전과 과제를 안고 있노라. 첫째, 청년 및 고령층의 고용난이 심각한 문제로 대두되어 있노라. 특히 청년들은 취업의 어려움으로 인해 경제적으로 자립하기 어려운 상황에 놓여 있노라. 둘째, 불규칙 고용과 임금체불 문제가 여전히 존재하고 있노라. 많은 근로자들이 불안정한 고용 형태로 일자리를 구하고, 이로 인해 가계수입이 불안정해지고 있노라. 셋째, 제조업 등 전통적인 산업에서의 고용 감소와 함께, 4차 산업혁명에 따른 산업 구조 변화가 고용에 미치는 영향이 점차 커지고 있노라. 이러한 고용 문제는 국가 및 기업, 노동자 등 다양한 이해관계자들의 적극적인 노력과 협력을 통해 해결하여야 할 중대한 과제로 인식하고 있노라.

질문을 입력하세요   전송

투닝 GPT는 정확도가 낮은 정보를 전달할 가능성이 있으며 개선을 위해 노력하고 있습니다.

1차시에는 정조가 즉위할 당시 조선의 붕당 정치와 정조의 정책을 중심으로 내러티브를 구성하여 수업을 진행하였습니다. 2차시부터는 본격적으로 투닝을 활용하여 수업을 진행하였습니다. 사진의 활동지와 같이 질문을 제시하여 질문에 대한 답을 투닝의 교육용 웹툰과 교육용 웹툰 아래의 텍스트를 활용하여 찾고, 투닝 GPT를 활용하여 정조에게 현재 대한민국의 문제가 무엇인지 물어보는 활동을 했습니다.

투닝 GPT에는 정조를 포함하여 유관순, 세종대왕 등 다양한 역사 인물이 존재하는데요, 학생들이 과거 정조와 대화를 해보며 조금 더 역사적 인물에게 감정이입을 할 수 있도록 유도하고 싶었습니다. 제가 2차시 수업에서 특히 주목했던 점은 정조의 정책과 현재 우리나라의 문제 간의 연관성이었습니다. 정조의 정책으로 현재 우리나라의 문제점을 해결할 수 있도록 하여 역사가 단순히 과거의 일이 아니라 오늘날의 문제를 해결하기 위한 수단이 될 수 있다는 것을 알려주고 싶었기 때문입니다.

저는 1차시 수업을 제외한 모든 활동을 모둠활동으로 진행하였습니다. 그 이유는 에듀테크 활용에 어려움을 겪는 학생들이 있고, 학생들 간의 편차가 존재했기 때문입니다. 특히 투닝 GPT나 투닝 매직을 활용하기 위한 입력어를 작성할 때 편차가 심해집니다. 모둠활동을 통해 수업을 진행한다면 입력어를 잘 입력하지 못하는 학생들도 동료간의 티칭을 통해 쉽게 입력어를 입력하는 모습을 보실 수 있습니다.

만약 선생님들께서 근무하시는 학교에 편차가 크지 않고, 학생들이 에듀테크를 활용하는데 익숙하다면 개별 활동으로 진행하여도 무리가 없을 것 같습니다!

4. 투닝 GPT를 활용해 정조에게 오늘날 대한민국의 문제를
물어봅시다.

- 1) 고졸 및 대학졸업 후 취업의 문제
- 2) 노인 인구의 증가에 따른 노년층 안심생활 문제
- 3) 저소득층의 교육격차
- 4) 노동시장의 불 안정성
- 5) 지역간 경제 격차

정조가 오늘날 대한민국에 온다면 어떤 방식으로 대한민국의
문제를 해결할 수 있을까요?

3. 정조의 업적을 투닝을 활용해 알아보자

1.규장각 설치
- 규장각 설치의 목적은 무엇인가요?
  왕권과 자신의 정책을 뒷받침하기 위해서
- 규장각에는 어떤 사람들을 등용했나요?
  젊고 유능한 인재, 서열

2.장용영 설치
- 장용영 설치의 목적은 무엇인가요?
  자신의 정책을 문제 없이 실행하기 위해

3. 수원화성 건설
- 화성을 건설한 목적은 무엇인가요? 아버지 무덤을 옮기기 위해서
- 어떤 기구를 사용했나요? 거중기나 녹로
- 백성들을 위해 어떤 정책을 펼쳤나요? 공사 책임제

4. 탕평책 실시
- 탕평책을 실시한 목적은 무엇긴가요?
  인재를 구분 않고 모아서 민생을 안정시키고 문화를 부흥하기 위해서

5. 정조의 또 다른 업적은 무엇이 있나요?
  투닝 웹툰을 활용하여 적어 봅시다.
  노비제도 혁파

3차시에는 투닝 매직을 활용하여 웹툰을 만드는데 필요한 소스를 만들고 본격적으로 웹툰을 만들어보는 수업을 진행하였습니다. 이 차시에 진행된 수업을 학생들이 가장 신기해하고, 재미있어 했습니다. 투닝 매직은 다양한 화풍을 선택하고 입력어를 입력하면 그림을 그려주는 기능입니다. 이때 모둠활동을 진행했음에도 입력어를 학생들이 잘 입력하지 못한다면 투닝 GPT에 매직 프롬프트 엔지니어를 활용하면 입력어를 알려줍니다!

저는 투닝 매직에서 원하는 소스를 찾지 못하는 학생들에게 투닝 교육용 웹툰 재편집하기를 통해 웹툰 소스를 만들 수 있다고 지도하였습니다. 투닝 매직과 투닝 교육용 웹툰을 모두 활용하여 웹툰 소스를 만들었을 때 학생들이 조금 더 많은 소스를 쉽게 찾을 수 있어서 효과적으로 학습이 진행되었습니다.

이 수업을 3차시 정도 진행하다 보니 발견된 문제점은 학생들이 모둠활동을 진행하지만 개별로 웹툰 소스를 만들다보니 좋은 웹툰의 재료가 공유가 안된다는 문제점이 있었습니다. 처음 이 문제가 발생했을 때 패들렛을 함께 사용하거나, 메일로 보내는 방법을 생각했는데 너무 번거로웠습니다. 그래서 저는 투닝 보드를 활용하여 학생들이 제작한 웹툰 소스를 공유하고, 웹툰 제작을 담당하는 모둠원이 사진을 다운받아 활용하는 형태로 진행을 하였습니다. 투닝 보드를 활용하여 웹툰 소스를 공유하면 학생들이 다른 플랫폼을 사용할 필요가 없어 번거롭지 않고, 에듀테크를 활용할 때 가장 큰 문제인 로그인 문제가 2중으로 발생하지 않아 너무 좋았습니다!

4차시와 5차시에는 본격적으로 학생들이 만든 스토리를 웹툰으로 제작하는 활동과 완성된 웹툰을 발표하는 활동을 진행하였습니다. 웹툰은 모둠별로 하나를 제작하고, 최소 5컷 이상의 웹툰을 제작하도록 지도했습니다. 웹툰을 만드는 과정에서 필요하면 교과서나 투닝 GPT를 활용하도록 하였고, 우리역사넷 QR코드를 전자칠판에 띄워 필요하면 사용하도록 하였습니다.

학생들이 웹툰을 제작하는 과정에서 지난 3차시에 만든 웹툰 소스를 활용하여 웹툰을 제작하는 학생들도 있었지만 왼쪽 위 사진처럼 투닝의 드로잉 기능을 활용하여 웹툰의 트레이드 마크로 사용하는 학생들도 있었습니다. 경남은 터치가 가능한 단말기를 제공하여 터치펜으로 드로잉 기능을 사용하였지만, 터치가 되지 않더라도 그림판처럼 드로잉 기능을 활용하실 수 있다는 것도 참고하시면 좋을 것 같습니다! 처음 투닝 에디터를 활용할 때 학생들이 사용에 어려움을 겪어 제가 전자칠판을 활용하여 몇 번 시범을 보이고나니 금방 따라하는 모습을 보였습니다.

도윤쌤의 활동 Tip!
시범을 보이실 때 캐릭터의 표정, 움직임, 배경 등을 위주로 보여주시면 완성도 높은 작품을 기대하실 수 있을 것 같습니다.

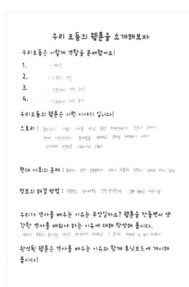

저는 3,4차시 수업을 진행하기 전 2번째 활동지를 제시하여 역할 분담과 대략적인 스토리를 적고, 이 활동을 하면서 우리가 역사를 배워야 하는 이유에 대해 생각해볼 수 있도록 지도하였습니다. 또한 학생들이 웹툰을 제작하는 과정에서 투닝 GPT를 이용하여 정보를 탐색하는 학생들에게 우리역사넷이나 네이버 지식 백과 등을 활용하여 투닝 GTP의 답변을 검토할 수 있도록 지도하여 미디어 리터러시 역량을 함양할 수 있도록 하였습니다.

앞서 언급하였듯 저는 에듀테크가 학습을 위한 도구로 쓰일 수 있도록 노력하고 있습니다. 에듀테크를 사용해보는 것, 학습 정리용으로 사용하는 것도 좋지만 미래를 살아갈 학생들이 에듀테크를 활용해서 창의력과 사고력을 키울 수 있었으면 좋겠습니다. 더 나아가 학교에서 활용해 본 에듀테크가 자신의 진로를 결정하는데 도움이 되었으면 좋겠다고 생각합니다.

에듀테크를 활용한 프로젝트 수업이나 긴 차시의 수업을 진행하실 때는 선생님들의 교육관과 역사교육관을 포함한 활동지를 함께 제공하시면 더욱 학습 효과를 높일 수 있습니다. 아래 QR코드는 학생들의 결과물을 공유한 투닝 보드입니다!

도윤쌤의 활동 Tip!
학생들이 단순히 에듀테크를 활용해보는 것으로 끝나지 않도록 다양한 학습지를 제공하시면 좋습니다!

2시간 정도 웹툰 제작을 했을 때 거의 모든 모둠이 5컷 이상의 웹툰을 제작할 수 있었습니다. 제작한 웹툰은 투닝 보드에 공유하여 다른 모둠이 읽어보는 시간을 가졌고, 그 후 모둠 대표가 나와 웹툰의 요소와 스토리, 우리 모둠에서 선택한 정조의 정책에 대한 설명을 요약하여 발표했습니다. 그 후 발표를 들은 학생들에게 웹툰에 대한 소감과 피드백을 제공할 수 있도록 하였습니다.

이 과정에서 똑같이 규장각 설치라는 정책을 가지고 한 모둠은 기초학력 문제, 한 모둠은 저소득층 교육 문제에 적용한 것을 발표하고, 학생들은 발표를 들으며 '저렇게 생각할 수도 있구나'라는 반응을 보이고 저는 학생들이 다양한 생각을 나누는 모습을 볼 수 있었습니다. 웹툰을 소개하는 발표가 끝나고 난 후 모둠별로 역사를 배우는 이유에 대해 발표해보고 이 수업을 마무리 하였습니다.

투닝을 활용한 수업을 통해 단순히 '과거는 현재의 거울이다'라는 말을 교사가 하는 것 보다 학생들이 스스로 현재의 문제 해결 방법을 과거에서 찾으며 역사 학습의 목적을 느낄 수 있어 좋았던 것 같습니다.

도윤쌤의 활동 Tip!
투닝 보드에는 에디터 공유용 코드가 있습니다! 따로 QR코드를 만들지 않아도 에디터에서 숫자 코드를 입력하면 바로 투닝 보드로 공유가 됩니다.

생활 기록부 세부 능력 및 특기사항 기재 예시

우수	정조의 정책을 웹툰을 통해 스스로 파악하고 인공지능을 활용해 모둠원과 협력하여 '정조가 오늘날의 대한민국으로 온다면'이라는 주제로 웹툰을 제작하여 온라인 보드에 공유함. 웹툰에서 정조의 정책으로 오늘날 대한민국 문제를 효과적으로 해결할 수 있는 방안을 제시해 완성도 높은 웹툰을 제작하고 이를 발표하여 학생들의 큰 호응을 얻음. 웹툰을 제작하는 과정에서 역사적 상상력과 역사 정보활용 및 의사소통 능력, 미디어 활용 역량을 함양하는 모습을 보임.
보통	인공지능을 활용해 모둠원과 협력하여 '정조가 오늘날의 대한민국으로 온다면'이라는 주제로 웹툰을 제작하여 온라인 보드에 공유함. 협력을 통해 정조의 정책을 파악하고, 현재 대한민국의 문제를 파악하여 웹툰을 제작해 발표하고 동료 평가를 반영하여 최종 완성함으로써 역사적 상상력과 역사 정보활용 및 의사소통능력, 미디어활용능력을 함양하는 모습을 보임.
미흡	인공지능을 활용해 모둠원과 협력하여 '정조가 오늘날의 대한민국으로 온다면'이라는 주제로 웹툰을 제작하여 온라인 보드에 공유함. 모둠별 역할 분담을 하여 웹툰을 제작하여 공유하였으나, 역사적 내용을 웹툰으로 제작하는데 어려움이 있음.

▌ 3. 과거는 현재의 거울 : 정조의 지혜를 배워 성장하다

우리가 역사를 배우는 이유는 무엇일까요? 웹툰을 만들면서 생각한 역사를 배워야 하는 이유에 대해 작성해 봅시다.

> '과거의 경험과 사건을 통해 현재와 미래를 이해하고 같은 실수를 반복하지 않기 위해서이다.
> 역사를 통해 과거의 사건과 인물, 문화 등을 이해하고,
> 이로인해 창의적이고 흥미로운 이야기를 만들 수 있기 때문이다.'

중학생이 작성한 역사를 배워야하는 이유입니다. 학생들의 답변을 보았을 때 저는 분명 이 수업에서 학생들은 에듀테크가 신기하고, 재미있는 것 뿐만 아니라 더욱 의미있는 무언가를 배웠다고 생각합니다. 이런 과정을 통해 학생들은 미래시대를 살아갈 역량을 키우고, 에듀테크를 활용하여 의미있는 결과물을 만들어 내는 방법을 배웠을 것이라 생각합니다. 또한 역사라는 과목을 통해 과거를 배우고, 과거에서 현재와 미래를 살아가는 방법을 더욱 재미있고 의미있게 배울 것입니다.

오도윤 "에듀테크가 아이들의 상상력과 사고력을 키울 수 있는 도구가 되었으면 좋겠습니다."

약력 에듀테크 교사 연구회 연수강연팀
교육부 교실혁명 선도교사
2022 리베르스쿨 한국사 교과서 평가문제집공동 제작진

SNS Insta : @0918yoon
Blog : https://blog.naver.com/haha1493

투닝 매직으로 그린 식물 이야기 수업(학생 작품)

투닝으로 그려보는 식물 이야기

에듀테크 교사 연구회 연수강연팀장 / 중학교 과학 교사 정문식

정문식

"아이들이 과학을 통해 세상을 이해하고 사랑하는 법을 배웠으면 좋겠습니다."

약력
에듀테크 교사 연구회 연수강연팀장
교육부 교실혁명 선도교사

SNS
Insta : @moonscience.t
Blog : https://blog.naver.com/moonscience_t

투닝으로 그려보는 식물 이야기

연계 교과		중학교 3학년 과학 IV. 식물과 에너지
2015 개정 교육과정	성취 기준	[9과11-01] 식물이 생명 활동에 필요한 에너지를 얻기 위해 양분을 만드는 광합성 과정을 이해하고, 광합성에 영향을 미치는 요인을 설명할 수 있다. [9과11-02] 광합성에 필요한 물의 이동과 증산 작용의 관계를 이해하고, 잎의 증산 작용을 광합성과 관련지어 설명할 수 있다. [9과11-03] 식물의 호흡을 이해하고, 광합성과의 관계를 설명할 수 있다. [9과11-04] 광합성 산물의 생성,저장,사용 과정을 모형으로 표현할 수 있다.
2022 개정 교육과정	성취 기준	[9과12-01] 광합성 과정을 이해하고, 환경 요인과 광합성의 관계를 탐구하는 실험을 설계할 수 있다. [9과12-02] 식물의 호흡과 광합성의 관계를 이해하고, 호흡과 광합성 과정에서 출입하는 에너지와 물질의 변화를 분석할 수 있다. [9과12-03] 광합성 산물의 저장과 이용 과정을 이해하고, 모형으로 설명 수 있다.

이 단원에서는 식물이 생명 활동에 필요한 에너지를 얻기 위해 스스로 양분을 만드는 광합성과 양분을 이용하여 에너지를 얻는 호흡을 하는 것을 학습합니다. 초등학교 때 식물의 구조와 기능을 학습하고, 주변에서 식물을 많이 접하는 학생들은 이 단원을 친근하게 느끼면서도 흥미로운 과학 내용이 없어 지루함을 느끼기도 합니다.

저는 학생들이 식물에 대해 평소 궁금해하던 것들을 투닝 GPT를 이용해 탐구하고, 변화하는 미래 사회에서 필요한 식물 관련 직업이 무엇이 있을지 조사하도록 활동을 구성하였습니다. 이 과정에서 학생들은 투닝 에디터, 투닝 매직을 사용하여 식물 이야기, 진로 탐색 자료를 웹툰으로 표현하고 투닝 보드를 통해 자기 작품을 다른 사람과 공유하고 의견을 나누게 됩니다. 지금부터 투닝으로 그려보는 식물 이야기 수업으로 들어가 보겠습니다.

❙ 1. 내가 그리는 식물 이야기 : 투닝GPT로 묻고 투닝 에디터로 그리는 식물 이야기

학습 목표 ❙ 목표 1 식물과 관련된 과학 지식을 설명할 수 있다.

목표 2 투닝 GPT를 활용해 본인이 궁금한 식물 관련 과학 지식을 조사하여 기록할 수 있다.

목표 3 투닝 에디터를 이용해 본인이 조사한 식물 관련 과학 지식을 웹툰으로 표현할 수 있다.

활동 소개	평소 식물과 관련된 호기심, 궁금증을 투닝 GPT에게 묻고 답하며 조사한다. 식물에 관하여 얻게 된 과학적 지식을 투닝 보드에 기록한 후, 투닝 에디터를 이용해 웹툰으로 표현한다.
활동 의도	• 투닝 GPT를 활용해 식물과 관련된 호기심, 궁금증을 해결하는 과정에서 지식정보처리 역량, 인공지능 리터러시 역량을 함양한다. • 투닝 보드에 기록한 내용을 바탕으로 투닝 에디터를 이용해 웹툰으로 표현함으로써 심미적 감성 역량을 함양한다.
투닝 AI	• 투닝 GPT • 투닝 에디터

식물 얼마나 알고 있나요?

매일 마주치는 식물, 학생들은 얼마나 알고 있을까요? 교사가 준비한 다양한 식물 문제로 학생들의 흥미를 유발하였습니다. 그중 하나를 함께 알아볼까요?

> ### 문제: 이 식물은 무엇일까요?
> • 유럽인들은 땅 속에서 놀라운 속도로 뻗어가는 이 식물의 줄기와 줄기에서 주렁주렁 OO이 달리는 모습을 보고 악마의 식물이라고 생각했습니다.
> • 루이 16세는 국민들에게 OO을 먹게 하기 위해 왕의 군대가 OO밭을 지키게 하여, 사람들로 하여금 왕의 군대가 지킬 정도면 귀중한 식재료일 것이다라는 호기심을 자극해 OO을 식용 작물로 보급하였습니다.
>
> 정답 : 감자

꼭 문제가 아니어도 좋습니다. 학생들이 일상생활에서 자주 볼 수 있는 개나리, 벚꽃, 봉선화 등의 꽃말, 신화나 설화 등 다양한 식물 관련 이야기를 통해 흥미를 유발할 수 있습니다.

활동1. 투닝 GPT로 알아보는 식물

식물에 대한 학생들의 흥미를 유발했다면 이번에는 과학적 지식을 쌓아볼 차례입니다. 교과서 읽어보기 코너, 기사 등에서 선정한 다양한 식물 주제 중 일부를 선택하여 투닝 GPT에 묻고 답하는 과정을 진행하였습니다. 식물과 관련된 주제는 아래와 같습니다.

> • 반려 식물   • 극지방에 사는 식물   • 식물 공장
> • 바이오 연료   • 식물은 아프면 어떻게 치료하나요
> • 식물을 모방한 발명품   • 연근에는 왜 구멍이 있을까?

투닝 GPT 사용 시 유의 사항은 여느 생성형 인공지능과 다르지 않습니다.

첫째, 질문은 정확하게 합니다. 예를 들어 식물의 광합성에 대한 지식이 궁금한 학생이 투닝 GPT에 질문을 했을 때 식물에 대해 알려줘. 보다는 식물의 광합성에 대해 알려줘. 라고 한 경우가 더 구체적인 답변이 나온다는 것을 안내합니다.

둘째, 지시는 명확하게 합니다. "식물의 호흡에 대해서 중학교 2학년 수준으로 알려줘, 식물의 증산작용을 100자 내외로 요약해서 알려줘." 와 같이 명확한 지시를 해야 투닝 GPT에서 좋은 답변을 얻을 수 있다는 것을 안내합니다. 학생은 투닝 GPT에 자신이 궁금한 식물 관련 지식을 묻고 답하는 과정에서 생각을 정교화할 수 있습니다. 더 좋은 답변을 얻기 위해 학생은 자신이 최초에 한 질문을 여러 관점으로 바꾸어가며 생각해보기 때문입니다.

또한 투닝 GPT에서 얻은 지식이 참인지 거짓인지 판별하여 수용하는 과정에서 정보처리역량을 함양할 수 있습니다. 투닝 GPT 활동을 하면서 학생들이 한 질문, 투닝 GPT의 답변 내용은 복사하여 투닝 보드에 기록하도록 합니다. 이 활동은 학생이 자신의 투닝 GPT 프롬프트를 기록하는 것과 동시에 투닝 에디터를 활용해 식물 관련 웹툰을 만들 때 필요한 기초 자료를 보관하는 역할을 합니다.

활동2. 투닝 에디터로 그리는 식물 이야기

이전 활동인 투닝 GPT에서 묻고 답하여, 투닝 보드에 기록한 과학적 지식을 이제 웹툰으로 표현해 볼 차례입니다. 웹툰 제작 시 중요한 사항은 과학적 지식을 기반으로 이야기를 구성하여 독창적으로 표현했는가입니다. 따라서 학생에게 교사의 평가 기준을 안내하고 이를 웹툰에 충분히 반영할 수 있도록 합니다.

평가 기준은 다음과 같습니다.

구분	평가 내용
내용 및 형식	웹툰이 과학적 내용을 포함하고 있는가?
	웹툰이 제시된 과학적 개념이나 이론을 정확하게 표현하고 있는가?
	웹툰의 이야기 구성이 과학적 사실과 창의적 요소를 어떻게 조화롭게 결합하고 있는가?
시각적 표현	웹툰의 시각적 요소가 과학적 내용을 효과적으로 전달하기 위해 어떻게 활용되고 있는가?
	색채, 구성, 캐릭터 디자인 등이 과학적 주제와 어떻게 조화를 이루고 있는가?
교육적 가치	웹툰이 과학적 지식을 전달하는데 있어 교육적 효과가 있는가?
	독자가 과학적 개념을 이해하는 데 있어 웹툰이 어떻게 도움을 주고 있는가?
대중성 및 접근성	다양한 연령층과 배경을 가진 독자가 웹툰의 과학적 내용을 쉽게 이해할 수 있는가?
	웹툰이 과학에 대한 관심을 불러일으키는데 긍정적으로 기여하는가?

위 평가 기준들은 학생이 웹툰을 잘 그리는지 평가하는 것에서 벗어나 과학적 정확성, 교육적 효과, 대중과의 소통 능력 등을 갖추고 있는지 판단하는 척도가 됩니다. 아래는 학생이 제작한 식물 이야기 웹툰입니다.

교사 수업 자료

학생 작품 예시

문식쌤의 활동 Tip!

투닝 보드에 기록한 과학적 지식을 바로 웹툰으로 표현하는 것보다 학생들이 스토리보드를 작성해 과학적 지식을 바탕으로 창의적, 독창적인 이야기를 구상해 볼 수 있도록 해야 합니다. 투닝 GPT를 활용하면 어렵지 않습니다. 식물의 광합성을 조사한 학생이 웹툰을 제작한다고 가정해볼까요? 다음과 같은 프롬프트를 투닝 GPT에 입력해 보겠습니다.

[프롬프트]
식물의 광합성과 관련된 내용으로 4컷 이상의 웹툰을 제작하려고 해.
다음 사항을 고려해 이야기를 발달-전개-위기-절정-결말로 구분해서 구성해줘.
장르: 액션, 주제: 식물의 광합성, 배경: 2000년대 서울, 인물: 중학교 2학년 남학생

생활 기록부 세부 능력 및 특기사항 기재 예시

우수	생성형 인공지능을 활용한 식물 관련 지식 묻고 답하기 활동에서 명확한 지시문을 활용하여 본인이 원하는 지식을 획득함. 획득한 지식을 기반으로 한 식물 관련 웹툰 제작 과정에서 과학적 사실과 창의적 이야기 구성을 접목시킨 작품을 완성하여 높은 평가를 받음.
보통	생성형 인공지능을 활용한 식물 관련 지식 묻고 답하기 활동에서 필요한 지식을 획득함. 획득한 지식을 기반으로 한 식물 관련 웹툰 제작 과정에서 창의적 이야기 구성을 접목한 작품을 완성함.
미흡	생성형 인공지능을 활용한 식물 관련 지식 묻고 답하기 활동에서 지식 획득에 어려움을 겪음. 획득한 지식을 웹툰으로 표현하는데 있어 기본적 이야기 구성이나 시각적 표현이 미흡함.

학습 목표 ▌ 목표 1 미래 한국의 모습을 키워드로 작성하고, 미래 사회를 살아가는데 필요한 역량을 설명한다.

목표 2 진로 사이트를 활용하여 식물과 관련된 직업을 조사하여 투닝 보드에 기록한다.

목표 3 투닝 에디터를 활용하여 식물 직업 소개 자료를 제작할 수 있다.

활동 소개	미래 한국의 모습을 키워드로 알아본 뒤, 자신이 생각하는 미래 키워드를 발표한다. 진로 사이트를 활용하여 식물 관련 직업을 조사하여 정보를 투닝 보드에 기록한다. 이를 바탕으로 투닝 에디터를 활용하여 사전에 교사가 안내한 평가 기준에 맞추어 식물 직업 소개 자료를 제작한다.
활동 의도	• 미래 한국을 키워드로 정리하고, 필요한 역량을 알아보는 활동을 통해 직업 탐색의 중요성을 깨닫는다. • 진로 사이트를 활용하여 식물 관련 직업을 조사하고 기록하는 활동을 통해 직업 탐색 역량을 함양한다. • 투닝 에디터를 이용해 식물 직업 소개 자료를 제작함으로써 창의적 사고 역량을 함양한다.
투닝 AI	• 투닝 GPT • 투닝 에디터

미래를 준비하는 자세

4차 산업혁명 시대가 열리면서 미래에는 많은 직업이 사라지고 생긴다고 합니다. 앞으로는 평생 직업의 개념이 사라지고 변화하는 환경에 맞추어 진로를 탐색하고 적응하는 자만이 살아남는다고 하니 꽤 두렵기도 합니다.

그렇다면 단순히 교과 지식을 학습하는 것을 넘어 학습한 내용이 직업과 어떤 관련이 있는지, 직업을 갖기 위해선 어떤 역량이 필요한지 알고 갖추는 것이야말로 미래 학생에게 요구되는 자세일 것입니다. 미래 어떤 직업을 가질지 선택하기 전에 한국의 미래가 어떻게 변화할지 알아보는 시간을 가져 보겠습니다.

한국의 미래와 관련된 첫 번째 키워드는 고령화/저출산입니다. 통계청에 따르면 2070년이 되면 전체 인구 대비 고령 인구는 무려 46.4%에 달한다고 추정하고 있습니다. 이에 더해 출산율 추이는 2024년 현재 0.7을 달성해 한국은 인구 소멸의 위기에 직면해 있습니다. 두 번째 키워드는 다문화입니다. 2040년 기준으로 내국인은 2020년에 비해 200만 명 줄어든 4800만명인 것에 비해 외국인은 173만 명에서 50만 명가량 늘어난 228만 명에 달할 것으로 통계청은 예상합니다. 세 번째 키워드는 기후 위기입니다. 올해 사과값이 얼마인지 아시나요? 금사과로 불릴 만큼 밥상에서 사과를 구경하는 것이 어려워졌습니다. 농촌진흥청이 발행한 사과 재배지 변동 예측 지도에 따르면 2050년대가 되면 현재 우리가 아는 사과 재배지 대다수가 사라지고, 재배지가 북상해 강원도 사과가 인기를 끌 것이라 예상해볼 수 있습니다. 지금까지 한국의 미래와 관련된 세 가지 키워드를 알아보았습니다.

그렇다면 변화하는 미래에서 학생이 키워야 할 역량(자세)는 무엇일까요? 2022개정교육과정에 따르면 다음과 같은 6가지 역량을 제시했습니다.

자기주도적인 사람	자신의 삶과 진로에 필요한 기초 능력과 자질을 갖추어 자기주도적으로 살아감
지식정보처리역량	문제를 합리적으로 해결하기 위하여 다양한 영역의 지식과 정보를 처리하고 활용
창의적 사고 역량	폭넓은 기초 지식을 바탕으로 다양한 전문 분야의 지식, 기술, 경험을 융합적으로 활용하여 새로운 것을 창출
심미적 감성 역량	인간에 대한 공감적 이해와 문화적 감수성을 바탕으로 삶의 의미와 가치를 발견하고 향유
협력적 소통 역량	다른 사람의 관점을 존중하고 경청하는 가운데 자신의 생각과 감정을 효과적으로 표현하며 상호협력적인 관계에서 공동의 목적을 구현
공동체 역량	지역·국가·세계 공동체의 구성원에게 요구되는 가치와 태도를 가지고 공동체 발전에 적극적으로 참여

학생에게 키워야 할 역량을 사전에 안내함으로써, 이어지는 활동인 진로 탐색에서 본인이 원하는 직업에서 필요한 역량이 무엇인지 자신을 객관화하여 알아볼 기회를 제공합니다.

활동 1. 진로 사이트에서 진로 탐색하고 투닝보드에 기록하기

미래 한국 사회의 키워드를 알아보았다면, 진로 사이트에서 식물 관련 진로를 탐색하는 활동을 연계하여 진행합니다. 저는 학생들의 진로 탐색 시 많이 활용되는 사이트인 커리어넷, 워크넷에서 활동을 진행하였습니다. 그중 커리어넷을 기준으로 알아보겠습니다. 커리어넷 통합검색에서 식물을 검색하면 직업 백과, 추가 직업정보, 학과 정보가 나옵니다. 이 중 학생이 관심 있는 식물 관련 직업을 선택하여 관련 정보를 조사하여 투닝보드에 기록합니다. 예를 들어 플로리스트를 선택한 학생은 관련학과, 하는 일, 핵심 능력, 적성 및 흥미를 정리하여 자신이 왜 플로리스트를 선택하였는지 어떻게 진로를 설계해야 하는지를 정리하여 이를 투닝보드에 기록합니다. 학생이 투닝보드에 기록한 내용은 이어지는 활동인 직업 소개 자료 제작하기의 기초 자료로 활용합니다.

> ### 문식쌤의 활동 Tip!
> **본인이 원하는 식물 관련 직업이 없다고 하는 학생이 있으면 어떻게 할까요?**
> 선생님이 일정한 조건을 주고, 학생이 식물 관련 직업을 만들도록 안내해보는 건 어떨까요?
> 다음은 제가 학생에게 제시한 새로운 직업을 만들 때 고려하도록 안내한 조건입니다.
>
> 1) 직업의 이름을 구체적으로 만들기: 다른 사람들이 들었을 때 무슨 일을 하는지 알 수 있어야 함.
> 2) 무슨 일을 하는 지 2~3줄로 구체적으로 작성하기: 기존 식물 관련 직업과 차별성이 있어야 함.
> 3) 미래 사회 키워드와 연결지어 직업을 만들기

> 식물 교육자가 하는 일은 무엇인지, 어떤 역량과 진로설계를 해야 하는지 중학교 2학년 학생이 이해하기 쉽도록 알려주세요.

진로 선생님

식물 교육자는 식물에 대한 지식을 전달하고 사람들이 식물을 이해하고 존중할 수 있도록 도와주는 역할을 합니다. 이들은 학교나 박물관에서 강의를 하거나 실습을 진행하여 학생들이 식물의 중요성을 배우고 환경을 보호하는 방법을 알려줍니다.

식물 교육자는 다양한 활동을 통해 학생들의 호기심을 자극하고 지식을 습득할 수 있도록 돕습니다. 이들은 작은 화분을 이용한 화분 가꾸기 활동이나 야외 탐구 활동을 통해 학생들이 직접 경험하고 배울 수 있도록 지원합니다.

식물 교육자가 되기 위해서는 뛰어난 소통 능력과 열정이 필요합니다. 또한, 식물과 환경에 대한 관심과 이해가 필수적입니다. 과학적 지식과 교육 방법론에 대한 이해도 중요합니다.

중학교 2학년 학생이 식물 교육자로 나아가기 위해선 과학 수업에서 식물에 대한 지식을 꾸준히 학습하고, 학교나 지역 사회에서 식물과 관련된 활동에 참여하면 좋습니다. 또한, 독서나 온라인 강좌를 통해 더 많은 지식을 습득하고 실습 기회를 찾아보는 것이 도움이 될 것입니다.

투닝 GPT에 식물 관련 직업에 대해 질문하면 다양한 정보를 얻을 수 있음.

> ### 문식쌤의 활동 Tip!
> **워크넷, 커리어넷 외에 투닝 GPT를 이용해 보는 건 어떨까요?**
> 캐릭터-진로 선생님을 선택하여 프롬프트를 작성해 보겠습니다.
>
> [프롬프트]
> 식물 관련 직업에는 무엇이 있는지 10개 이상 알려주세요.
> (식물 관련 직업)이 하는 일은 무엇인지, 어떤 역량과 적성, 자격증이 필요한지 중학교 학생이 이해하기 쉽도록 알려주세요.

활동 2. 투닝 에디터로 식물 직업 소개 자료 제작하기

이번 활동은 학생이 진로 사이트에서 식물과 관련된 직업 정보를 탐색하고, 투닝보드에 기록한 내용을 토대로 식물 직업 소개 자료를 제작하는 것입니다. 투닝 에디터의 다양한 캐릭터, 요소 등을 활용하여 한 장의 포스터 형태로 제작하도록 합니다. 사전에 평가 내용을 안내하여 학생의 식물 직업 소개 자료에 반영되도록 합니다. 평가 기준은 다음과 같습니다.

구분	평가 내용
식물 직업 소개 자료	자료에 직업 명칭을 포함하였는가?
	그림을 통해 어떤 직업인지 알 수 있도록 표현하였는가?
	직업이 하는 일을 3가지 이상 소개하였는가?
	미래 한국 키워드, 직업과 관련된 역량을 1가지 이상 포함하였는가?

문식쌤의 활동 Tip!

투닝 에디터에 학생이 원하는 식물 관련 직업 캐릭터가 없으면 어떻게 하나요?

투닝 매직을 활용해서 학생이 원하는 식물 관련 직업 캐릭터를 그리도록 안내합니다. 캐릭터가 아니라도 다양한 그림을 투닝 매직을 통해 그릴 수 있습니다. 예를 들어 채소 및 특용작물 재배가를 투닝 매직을 활용해서 그려보 겠습니다. 투닝 매직에서 그려진 그림은 캔버스로 보내기 기능을 통해 투닝 에디터에서 활용할 수 있습니다.

[프롬프트]
채소 및 특용작물 재배가를 그려줘. 이 사람은 채소 및 특용작물재배자는 상추, 배추, 쑥갓 등 채소 작물과 인삼 등의 특용 작물을 재배하고 수확하는 일을 해. 이 내용을 바탕으로 채소 및 특용작물 재배가가 상추, 배추, 인삼을 재배하고 수확하 는 모습을 구체적으로 그려줘.

투닝 에디터에서 제작이 완료된 작품은 투닝 보드로 공유하여 업로드 후, 투닝 보드의 댓글 기능을 활용하여 동료 평가, 선생님의 평가를 실시합니다. 동료평가를 실시하는 과정에서 학생들은 여러 식물 관련 직업을 한눈에 볼 수 있으므로, 진로 탐색의 추가 경험을 제공하며 친구의 작품을 감상하고 댓글을 다는 과정에서 의사소통능력을 함 양할 수 있습니다.

다음 그림은 학생들이 제작한 작품입니다.

교사 수업 자료   학생 작품 예시

생활 기록부 세부 능력 및 특기사항 기재 예시

우수	진로 정보 사이트를 효과적으로 활용하여 다양한 식물 관련 직업을 탐색하였으며, 선정한 직업을 주제로 한 식물 관련 직업 포스터 제작에서도 정보와 시각적 표현 모두에서 우수한 성과를 보임. 일련의 활동을 통해 식물학에 대한 깊은 이해와 더불어 진로 탐색 능력을 함양함.
보통	진로 정보 사이트를 활용하여 식물 관련 직업을 조사하였으나, 조사한 직업에 대한 깊이 있는 이해나 식물 관련 직업 포스터 제작에서의 독창성은 다소 부족함. 기본적인 직업 정보를 제공하고 시각적으로 표현하는 활동을 통해 진로 탐색 능력을 함양함.
미흡	진로 정보 사이트 활용에 어려움을 겪었으며, 선택한 식물 관련 직업에 대한 이해가 부족하여 식물 관련 직업 포스터 제작에서도 정보 전달, 시각적 표현에서 다소 부족함.

▎3. 투닝 사용 생생 후기

후속 활동 제안

지금까지 투닝으로 그려보는 식물 이야기에 대해 알아보았습니다. 이외에 식물과 연결지어 해볼 수 있는 다른 활동을 간단하게 제안드리고자 합니다. 선생님들의 개성과 수업철학을 살려 투닝으로 그려보는 또 다른 식물 이야기를 보여주세요!

주제	수업 내용
투닝 GPT로 쓰는 식물 소설	지구에서 식물이 사라진다면?, 식물이 말하거나 걸을 수 있게 된다면? 식물에 대한 다양한 상상을 더해 투닝 GPT로 소설을 써봅시다.
투닝 매직으로 따라 그리는 식물 명화	반고흐의 해바라기, 신사임당의 초충화 등 식물이 등장하는 명화는 많습니다. 투닝 매직으로 학생들과 기존의 명화를 따라 그려보고 누가 제일 비슷하게 표현했는지 대결해보는 건 어떨까요?
투닝 에디터로 소개하는 나의 반려식물	반려동물에 이어 반려식물의 시대입니다. 학생이 자신의 반려식물을 설정하고 이를 소개하는 만화를 투닝 에디터로 그려봅니다.

투닝 사용 후기

처음 투닝을 접했을 때는 '만화 그리는 에듀테크 아닌가? 과학보다는 미술 수업에 어울릴 것 같은데?'라고 생각을 했습니다. 하지만 투닝 에디터 외에도 투닝 매직, 보드, GPT를 사용하면서 충분히 과학 수업에서도 활용할 수 있음을 확신하고 즐겁게 투닝으로 그려보는 식물 이야기 수업을 계획했습니다.

하지만 막상 수업을 계획하고 든 걱정은 학생들이 처음 접해보는 투닝을 잘 사용할 수 있을까? 활동에 참여하지 않고 다른 것을 하면 어떡하지? 였습니다. 그래서 생각해 낸 방법은 투닝 사용 안내 시간이었습니다. 프로젝터 TV를 활용하여 교사가 투닝의 다양한 기능과 사용 시 주의 사항을 안내하고 학생들이 노트북으로 자유롭게 실습하는 시간을 가졌습니다. 이런 방식을 적용하자 투닝의 기능을 몰라 활동을 따라오지 못하는 학생들이 거의 없었습니다. 또한 활동마다 평가 기준을 안내하고 동료 평가, 선생님의 평가에서 가장 우수한 작품으로 뽑힌 학생에게는 맛있는 간식을 증정하였습니다.

과학 시간마다 교과서를 펼쳐놓고 자던 학생도 이제는 투닝으로 또 언제 수업해요? 라고 묻습니다. 투닝을 활용한 수업을 진행하면서 학생들도 저도 함께 식물을 이해하고 사랑하는 법을 배운 소중한 시간이었습니다.

정문식 *"아이들이 과학을 통해 세상을 이해하고 사랑하는 법을 배웠으면 좋겠습니다."*

약력 에듀테크 교사 연구회 연수강연팀장 **SNS** Insta : @moonscience.t

교육부 교실혁명 선도교사 Blog : https://blog.naver.com/moonscience_t

투닝 AI로 만드는 나라를 사랑하는 국민악파 음악이야기

에듀테크 교사 연구회 대외협력팀 / 중학교 음악 교사 김미라

김미라 (미라쌤)

"에듀테크를 통해 아이들이 음악에 대해
인문학적 세계사적 관점을 가지고 통합적으로 즐기면 좋겠어요"

약력

에듀테크 교사 연구회 대외협력팀
서울시 교육청 AI 에듀테크 선도교사
교육부 교실혁명 선도교사

SNS

Insta : @kimmira4211
Youtube : www.youtube.com/@mrk1848

> 체코의 1874년 역사적인 배경과 상황에 대해서 알려주세요

음악 선생님

1874년은 체코 역사상 중요한 순간 중 하나가 아니라서 큰 사건이나 변화가 있지는 않았습니다. 하지만 1874년에는 오스트리아-헝가리 제국의 일부로 속해 있던 체코 지역에서도 국민주의적 운동과 문화적 활동이 활발히 일어나고 있었습니다.

1874년 당시 체코는 오스트리아-헝가리 제국의 일부로서 제국의 통치 아래 있었습니다. 이 당시 오스트리아-헝가리 제국은 다양한 민족과 문화가 공존하는 다민족 제국으로서, 각 지역이 자신의 문화와 언어를 유지하면서도 제국의 통치를 받고 있었습니다.

체코 지역에서는 이 시기에 국민주의 운동이 활발해지고 체코 국민들은 자신들의 문화와 언어를 지키려는 노력을 기울이고 있었습니다. 이러한 분위기에서 스메타나 같은 음악가들은 체코의 역사와 문화를 음악으로 표현하며 국민적 정신을 일깨우는 작품을 만들었습니다.

따라서 1874년은 체코에서 국민주의적 운동과 문화 활동이 활발히 일어나고 있던 시기였습니다. 이러한 역사적 배경 속에서 스메타나가 '나의 조국'을 작곡 ─ 일일 무료 횟수 50 / 50 ⓘ ─ 들를 음악으로 표현한 것은 그 당시의 정치적, 사회적 분위기를 바여한 지표오로 편가바고 이스니다

6월 우리나라는 호국의 달이에요. 학생들도 나라에 대한 생각과 소중함을 가져보고자 국민악파 감상 수업을 해보았어요. 감상 수업에서 투닝을 사용하는 이유는 다음 과 같아요.

GPT로 궁금증은 바로 물어볼 수 있어요

음악을 인문학적, 역사적 인식을 통합적으로 가지기 위해서 감상 - 투닝 GPT 챗봇으로 궁금한 점은 바로바로 물어보고 세계사적 지식과 작곡가의 작곡 배경, 음악 장르, 곡의 구성, 다양한 오케스트라 악기 등을 알아볼 수 있어요. 또한 자신의 느낌과 정보를 통합한 새로운 컨텐츠 스토리보드 만들기 등으로 새로운 컨텐츠 계획을 세울 수 있어요.

투닝 매직으로 보이지 않은 음악을 보이는 그림으로

정보와 느낌을 결합한 프롬프트 작성하여 배경을 생성할 수 있어요. 음악의 작곡가의 작곡 의도를 상상해보고 역사 배경을 반영한 웹툰 배경을 만들어봐요. 또한, 프롬프트를 수정하여 원하는 그림을 생성해봐요. 프롬프트에 어떤 단어와 키워드가 들어가야할지 탐구해볼 수 있어요.

투닝 AI, 에디터로 모둠 웹툰 제작 및 캐릭터를 만들수 있어요

투닝 에디터 AI 기능을 활용한 캐릭터 만들기로 인공지능 기능을 체험해봐요. 캐릭터에 얼굴에 AI 기능으로 사진 반영하기를 통해 웹툰으로 적용되는 것을 체험해봅니다. 이후 말풍선에 텍스트를 넣고 AI 기능을 눌러서 캐릭터 표정, 동작이 바뀌는 것을 보고 또 말을 수정해보는 부분 프롬프트 역량을 기를 수 있어요.

투닝 보드로 모둠별 웹툰 전시, 평가, 피드백 활동을 해요

투닝 에디터를 활용하여 모둠별 웹툰 완성하고 전시하기 - 다른 친구들의 작품을 나의 속도로 감상할 수 있어요. 모둠별 평가(반응, 댓글) 및 동료평가 실시하기, 투닝 보드에 올린 작품 아래에 하트를 익명으로 남기면서 서로 피드백을 줄 수 있어요.

▎1. AI와 에듀테크 도구를 활용한 감상 수업

동기유발과 주도적 수업하기

감상수업 중 음악이 1분 진행되면 학생들이 더 이상 집중하기 어려운 경우가 많았죠? 평소에 클래식 음악을 잘 듣지 않은 학생들에게 갑자기 음악을 감상하라고 하면 외국어처럼 이해와 공감이 바로 어렵기 때문입니다. 감상 동기유발을 하면서 스스로 정보를 탐색하고 다양한 아티스트의 연주 중에 골라서 들어보게 디벗을 활용하면 훨씬 주도적인 수업이 가능합니다. 인공지능 기능을 활용하기전에는 AI 윤리교육을 (할루시네이션 가능성, 프롬프트 유의사항) 실시합니다.

정보탐색으로 과거의 음악이 현재에 주는 의미와 영향력 알기

인공지능 기능으로 음악이 작곡된 역사적 배경과 작곡 배경을 이해하고 작곡가의 생애를 물어보며 현재 이 음악이 우리에게 주는 의미를 생각할 수 있습니다.

화면을 보는 감상으로 악기와 음악이 주는 느낌 알기

어떠한 소리에서 감동을 주는 부분이 있습니다. 그런 경우 어떤 악기나 다양한 음악 요소 때문인데요. 에듀테크 도구를 활용하면 화면을 보며 감상하기에 자기에게 느낌을 주는 음색이 어떤 악기인지 바로 발견할 수 있습니다.

인공지능 윤리 교육과 함께 디지털 역량 키우기

학부모님께 동의서를 받고 인공지능 활용 유의사항을 배우면서 인공지능을 안전하고 유익하게 활용하는 미래 디지털 역량을 기를 수 있습니다.

❙ 2. 보이지 않은 음악을 보이는 컨텐츠로 만드는 감상 수업

학습 목표 ❙ 목표 1 국민악파 음악의 느낌과 역사적 배경, 작곡 의도를 공감하는 내용을 바탕으로
한 프롬프트를 넣어 배경 그림을 생성할 수 있다

목표 2 모둠과 협력하여 음악 정보를 디지털 매체를 활용하여 새로운 컨텐츠로 만들 수 있다.

활동 소개	• AI를 활용하여 음악의 정보를 검색해 세계사적, 인문학적을 상식 기르고 새로운 콘텐츠 구상하기 • 정보와 내용을 반영한 프롬프트 작성으로 음악을 그림으로 생성해보기 • 4컷 이상의 만화로 음악에 관한 새로운 컨텐츠 제작하기
활동 소개	• 국민악파 음악 작곡가의 의도를 알고 음악을 통해 그 나라 국민에게 주려고 한 애국심과 격려의 마음을 공감해 볼 수 있는 경험을 한다. • 기초 디지털 역량을 가지고 프로그램을 활용할 수 있는 능력을 기르고 눈에 보이지 않는 감정, 음악에 관한 정보 등을 새로운 형태로 표현해본다.
활동 소개	• **검색 활동** (음악, 작곡가, 음악 구성, 사용된 악기, 역사적 배경등을 챗봇을 통해 검색한다) • **생성 활동** (음악에 어울리는 배경 생성 - 자신의 느낌과 작곡·나라 배경을 사용하여 생성하는 프롬프트 작성하기) • **모둠 활동** (작곡가 사진을 반영한 캐릭터 만들기)
투닝 AI	• 역사적 배경, 음악 구성, 악기, 작곡 배경 정보 물어보기 (투닝 GPT) • 국민악파 음악에 맞는 4컷 만화 계획을 물어보기/투닝 매직의 프롬프트 작성을 통해 생성할 수 있다. • 작곡가의 사진을 반영한 투닝 AI 활용 캐릭터를 만들 수 있다.

2015 개정 교육과정	성취 기준	**[9음02-03]** 음악을 듣고 역사, 문화적 배경 속에서 음악의 특징을 설명한다.
	교과서 단원	IV. 음악감상을 통해 만나는 역사와 문화. 국민악파 음악
2022 개정 교육과정	성취 기준	**[9음02-02]** 다양한 시대와 문화권의 음악을 듣고 음악적 특징과 음악의 구성을 파악한다. **[9음02-03]** 다양한 시대 · 사회 · 문화권의 음악을 듣고 음악의 배경과 역할을 비교한다. **[9음03-01]** 음악적 의도나 아이디어를 여러 매체나 방법에 적용하여 자기 주도적으로 창작한다.
	교과서 단원	IV. 감상. 국민악파 음악

수업 세부 계획	[1차시] 전시 학습 확인

[1차시] 전시 학습 확인
- 국민악파의 음악의 의의를 알고 전시간에 들었던 음악을 다시 감상하며 느낌을 글로 적어본다.

전개
- 모둠별로 모여서 투닝 GPT으로 들어가 곡과 작곡가를 넣은 4컷만화 계획을 물어본 것을 바탕으로 모둠 콘텐츠 계획을 세운다.
- 1컷 씩 자신의 역할을 나눈다. 탐색하며 음악에 대한 느낌과 결합한 프롬프트를 작성한다.
- 자신의 역할에 맞는 배경을 투닝 매직을 통해 생성한다. 원하는 결과가 나오지 않으면 수정 프롬프트를 고민해보고 다시 생성한다.
- 생성한 자신의 배경에 모둠과 협의한 캐릭터를 넣고 작곡가 사진을 넣어 캐릭터를 생성한다.
- 말풍선과 텍스트를 추가하여 AI를 눌러 표정과 동작을 변화시킨 1컷 웹툰으로 완성시킨다.

정리
- 자신의 컷이 마음대로 되지 않았다면 프롬프트를 다시 수정하고 다시 생성한다.
- 원하는 표정이나 동작이 되지 않으면 텍스트를 바꾸어 다시 수정해온다.

[2차시] 전시 학습 확인
- 자신의 역할의 컷이 아직 완성되지 않은 학생들은 모둠과 협력하여 완성한다.

전개
- 모둠계획대로 컷을 완성시켰는지 확인 하고 캐릭터 등을 수정한다.
- 컷을 다운로드하고 조장의 에디터로 모두 다 업로드 시킨다.
- 한 개로 이어붙이기로 다운로드 한다.
- 교사 투닝보드에 전시하고 모둠평가활동을 한다.
- 확장수업을 안내하고 이러한 방법도 있다는 것을 알려준다.

정리
- 동료평가, 자기평가를 한다.

평가 관점	평가 세부 기준	배점
개별 활동	국민악파 음악을 듣고 자신의 느낌에 대해 표현하고 작곡가와 곡에 대해서 인공지능(투닝 GPT)을 활용하여 정보를 검색할 수 있다.	10
	인공지능을 활용(투닝 매직)하여 음악의 느낌과 나라와 특징을 반영한 배경 그림을 만들 수 있다.	5
	인공지능으로 생성한 배경과 작곡가 사진을 반영한 캐릭터를 넣어 계획에 맞게 자신이 맡은 웹툰을 1컷 제작할 수 있다.	5
모둠 활동	중요 키워드를 넣어 투닝 GPT의 웹툰 작가나 음악 선생님에게 물어보고 참고하여 웹툰 구상 계획을 세울 수 있다.	10
	모둠의 계획에 맞고 음악과 작곡가에 관한 내용이 포함된 웹툰을 4컷 이상 만들 수 있다.	5
동료 평가	위 친구는 모둠 회의에 협력적이고 긍정적으로 활동하며 자신의 역할을 책임감있게 수행하였다.	5
자기 평가	나는 인공지능을 활용하여 느낌을 글과 그림으로 표현하며 적극적으로 활동하였다.	5

평가 세부 기준

※ 계정, 로그인의 문제로 활동을 못하는 학생은 학교 기기를 미리 가지고 와서 준비시키도록 한다.

웹툰 작가

물론입니다! 시벨리우스의 '핀란디아'는 핀란드의 독립과 자유를 기리며 작곡된 곡으로, 그 강렬하고 감동적인 전개를 바탕으로 4컷 만화를 구성해보겠습니다.

1컷: "평화로운 시작"

- **설정**: 평화롭고 아름다운 핀란드의 자연 풍경, 주인공이 그 풍경을 바라보는 장면.

- **스토리**: 평화롭고 조용한 마을에서 주인공이 자연의 아름다움을 즐기고 있는 모습.

- **대사**: "이 평화로운 하루가 영원했으면 좋겠어."

투닝 GPT 챗봇으로 새로운 컨텐츠 구상하기

1. 4컷 만화 스토리보드를 계획하기 위해 챗봇 웹툰 작가에게 물어봐요.

2. 투닝 GPT에 모둠의 곡, 작곡가, 역사적 배경의 키워드를 반영한 프롬프트를 입력합니다.

3. 설정, 스토리, 대사를 참고해서 스토리보드와 구상을 확정하고 개인 컷 등 역할을 나눕니다.

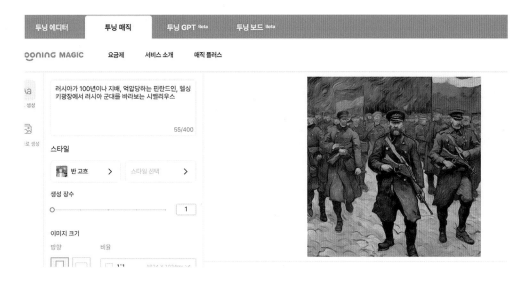

자신의 컷, 배경을 투닝 매직으로 생성하기

1. 개인 생성 1컷 만화를 계획에 맞게 주인공 캐릭터 선택은 모둠과 미리 통일합니다.

2. 프롬프트를 입력하여 배경을 생성해요. 곡의 캐릭터, 어떤 분위기, 나라 등 키워드를 선택하여 명령하기

3. 원하는 결과가 나오지 않으면 프롬프트를 수정해봐요. 프롬프트 역량을 기를 수 있어요.

윤리 교육 QR

프롬프트 QR

미라쌤의 활용 Tip!

프롬프트 작성하는 원칙(키워드)등을 구체적으로 작성하게 하면 훨씬 원하는 답을 빨리 얻을 수 있어요

내 보관함

4컷 만화 AI 캐릭터 만들기, 말풍선의 텍스트 입력 후 AI기능 활용하기

1. 스토리 보드에 필요한 캐릭터의 사진을 저작권에 준하여 수집합니다. (선생님이 주시면 빨라요)

2. 투닝 에디터에서 보관함, 배경에서 투닝 매직 배경을 배치합니다.

3. 선택한 캐릭터를 넣고 얼굴을 클릭하여 업로드한 사진을 반영해 캐릭터를 생성합니다.

4. 다양한 말풍선이 주는 느낌을 잘 보고 자신의 컷과 어울리게 배치합니다.

5. 텍스트를 넣어주고 AI를 눌러 어떻게 표정과 동작이 변화하는지 보고 결정합니다.

6. 캐릭터는 모둠에서 결정한 다음 한 가지로 결정한다면 모둠활동이 아닌 개인활동에서 각자 생성할 수 있습니다.

4컷 만화 모둠으로 모으기

1. 자신의 JPG파일을 조장 이메일이나 공유 문서함으로 보냅니다.

2. 조장의 투닝 에디터 화면으로 업로드하기 (배경만 해도 되고 각 컷으로 각자 완성해서 보내도 됩니다.)

3. 중간중간에 자신이 만든 배경의 대사와 표정은 자신이 선택하게 하여 모둠활동에서 골고루 협동하도록 합니다.

한 작품으로 완성시키기

1. 4컷 만화를 모둠별로 완성시킵니다.

2. 조장은 투닝 에디터에서 오른쪽 위의 구름모양 옆 다운로드를 누르고 한 장으로 이어 붙이기를 체크합니다.

3. 웹용으로 다운로드하여 한 장의 JPG파일로 만듭니다.

스마트폰이나 태블릿에서 QR코드를 스캔
투닝 보드에 참여해보세요.

전시, 평가활동

1. 교사의 투닝 보드에서 왼쪽 보내기 모양을 누르고 QR코드를 선택하여 학생이 스캔하여 투닝 보드로 들어오게 합니다.

2. 모둠별 웹툰을 전시하게 합니다 (학급명으로만 전시하기 - 익명)

3. 자유롭게 감상하며 친구들 작품에 하트 표시 활동을 합니다.

4. 친구들이 잘한 것을 댓글로 적게 합니다.

국민악파
보드 QR코드

전시 후 감상에서는 칭찬과 격려만 댓글로 적도록 지도해줍니다.

확장 수업 1 - 세종과 종묘제례악

1. 서양음악 국민악파와 같이 나라를 생각하며 만든 음악, 종묘제례악이 있어요

2. 우리나라 중요 무형문화제 1호에 대해서 제작 스토리를 조사해보아요

3. 세종대왕이 우리나라 음악을 들려주고자 한 마음을 공감하고 구성요소를 알아보아 4컷 만화로 그려봐요.

4. 매직에서 경복궁 검색, 세종대왕 어진 활용하고 배경 지우기로 배경을 자연스럽게 만들어요.

확장 수업 2- 동영상 컨텐츠 만들기

1. 자신이 만든 배경을 활용하여 동영상을 만들기

2. 음원을 활용한 컨텐츠 구상하기

3. 각자 생성한 각각 JPG파일과 음원을 미디어에 업로드하기

4. 음악과 함께 동영상으로 생성하기

5. 자막 생성하기

6. 하나의 동영상으로 만들어보고 게시하기

세종대왕
보드 QR

핀란디아
유튜브 큐알

미라쌤의 활용 Tip!

서양 음악과 같은 생각과 정신을 가진 한국 음악을 통합적으로 생각해 볼 수 있어요.

생활 기록부 세부 능력 및 특기사항 기재 예시

우수	국민악파 음악을 감상하고 느낌과 작곡 배경과 역사 배경에 연관지어 프롬프트로 작성할 수 있음. 사진을 반영한 캐릭터를 만들고 인공지능 기능을 활용하여 컨텐츠를 제작할 수 있음. 다양한 매체를 활용하고 모둠과 협력하여 음악에 관련된 그림, 구상이 반영된 창의적인 웹툰을 제작함. 모둠간 평가, 동료평가, 자기평가로 잘한 점을 이야기할 수 있음.
보통	국민악파 음악을 감상하고 작곡 배경과 역사 배경을 반영하여 프롬프트로 작성할 수 있음. 다양한 매체를 활용하고 모둠과 협력하여 음악에 관련된 그림, 구상이 반영된 웹툰을 제작함. 모둠 간 평가, 동료평가, 자기평가를 할 수 있음.
미흡	국민악파 음악을 감상하고 작곡 배경과 역사 배경을 조사할 수 있음. 매체를 활용하고 음악에 관련된 그림, 구상이 반영된 웹툰을 제작함. 동료평가, 자기평가를 할 수 있음.

▌ 03. 융합적 경험 투닝 소감

기획력을 보여주는 새로운 창작의 경험 (투닝 GPT)

정답이 없는 창작 수업은 학생들이 더 어려워하는 경우가 많습니다. 투닝 GPT를 활용하여 계획을 물어보고 빠르게 구상할 수 있었습니다.

융합적 프롬프트 역량 및 상상을 보여주는 경험 (투닝 매직)

음악의 배경과 느낌을 프롬프트로 그림을 생성해주니 학생들이 너무 좋아했습니다. 자신이 이야기하는 명령어가 이러한 그림이 될 수 있다는 것을 보여주는 투닝으로 상상이 현실로 되는 경험을 하게 되었습니다. 배경 상상하기, 상상하는 배경에 대한 묘사해보기 활동으로 중요한 키워드를 넣는 프롬프트 역량도 기르고 미래 지향적인 수업도 경험할 수 있었습니다.

김미라(미라쌤) *"에듀테크를 통해 아이들이 음악에 대해 인문학적 세계사적 관점을 가지고 통합적으로 즐기면 좋겠어요"*

약력 에듀테크 교사 연구회 대외협력팀
서울시 교육청 AI 에듀테크 선도교사
교육부 교실혁명 선도교사

SNS Insta : @kimmira4211
Youtube : www.youtube.com/@mrk1848

투닝으로 풍성해지는
생태 전환 프로젝트 수업

에듀테크 교사 연구회 성과공유팀 팀장 / 중학교 사회 교사 박수빈

박수빈 (빛나는 빈쌤)

"에듀테크 수업을 통해 우리 아이들이
미래 사회가 요구하는 역량을 갖추길 바라요."

약력
에듀테크 교사 연구회 성과공유팀장
서울시교육청 AI·에듀테크 선도교사
교육부 교실혁명 선도교사

SNS
Insta : @star_binssam

▎1. '수업에 들어가며': 투닝과 생태전환 수업이 만나다

수업 기획 의도 - 미래사회를 위한 교육

[에듀테크를 활용한 생태 전환 수업]

우리 사회가 아주 빠르게 변화하고 있는 만큼 교사로서 미래 사회에 대응하기 위한 교육에 대해 고민을 많이 하는 것 같습니다. 이 질문에는 많은 답이 있을 수 있지만, 저는 무엇보다 미래 사회를 위해 필요한 교육은 '새로운 교육 환경 변화에 적합한 역량 함양 교육'이라고 생각합니다. 디지털 대전환 시대에 살고 있는 지금, 이러한 역량으로는 협력적 소통 역량, 창의와 혁신 역량, 디지털 소양 등이 있으며, 이런 역량을 함양하기 위해선 단순한 주입식 수업으로는 한계가 있다고 생각합니다. 또한 기후 위기 시대 속에서 지속 가능한 미래 대응을 위한 교육도 빼놓을 수 없는 주제라 생각합니다. 즉, 미래 세대에게 기후 위기, 생태계 파괴, 에너지 문제를 인식시키고, 생각과 행동 양식의 전환을 이끄는 적극적인 기후 변화 교육은 반드시 필요하며, 필수적인 시대적 과제 중 하나라고 생각합니다.

이러한 고민을 바탕으로 저는 중학교 1학년 대상 주제 선택 수업에서 에듀테크 생태전환 수업을 기획하게 되었고, 그 중에서도 창의성과 학생들의 흥미를 이끌어내는 데에 효과적인 플랫폼 중 하나인 '투닝'을 활용해서 약 5차시의 수업을 진행하게 되었습니다.

제가 생각하는 투닝 수업의 의의를 한 가지만 뽑자면 학생들이 모두 '창작자'가 되어 보는 경험을 할 수 있다는 점입니다. 이러한 과정에서 아이들은 수업에 더욱 몰입하고 흥미를 느끼고, 직접 창작을 해보는 과정에서 창의성도 함양되고 창작의 기쁨을 누릴 수 있다는 점이 정말 큰 장점이라고 생각합니다. 또한 단순히 웹툰 만들기에 그치는 것이 아니라, 이런 방식의 수업을 통해 아이들이 해당 내용에 대해서도 보다 깊이있게 깨닫는 계기가 되기도 한다는 것을 학생들의 후기를 통해 직접 느끼기도 했습니다.

주객이 전도된 수업이 아닌 수업의 도구로서 에듀테크를 적절하게 활용하는 것은 수업에 활기를 넣어주는 효과적인 수단이 될 수 있다고 확신합니다. 디지털 대전환의 시대에서는 학생들에게 단순히 지식을 전달하고 암기하게 하는 깃보다는 힉셍들의 칭의성과 디지털 리터러시 역량을 길러주고, 인공지능에게 어떻게 효과직으로 질문을 힐 것인지, 올바른 정보를 어떻게 선별해서 받아들일 것인가 등을 가르치는 것이 더 중요하다고 생각합니다. 이러한 점에서 교육 현장에 각 상황에 맞게 에듀테크를 적절히 활용하는 것은 분명 효과적인 도구이자 무기가 될 것이라고 생각합니다.

수업의 준비 : 모둠 편성 및 역할 분담, 안내 자료 제작

[모둠 편성 및 역할 분담]

본 수업처럼 여러 차시에 걸친 프로젝트 수업을 진행할 때에는 활동을 모둠으로 진행시킬지 개인으로 하게 할지 결정해야 합니다. 본 수업 사례에서는 모둠 수업을 기본으로 하되, 필요에 따라 개인으로도 진행할 수 있도록 하였습니다. 모둠 구성은 학생들의 수준 파악이 어려운 상태였으므로 랜덤으로 구성하였고, 모둠 인원은 4~5명 정도로 구성하였습니다.

다음으론 역할 분담입니다. 모둠 활동을 하게 되면 항상 무임승차 문제가 발생할 수 있기 때문에 이를 최대한 방지하기 위해서는 적절한 역할 분담이 필요하다고 생각합니다. 제가 학생들에게 제시한 역할의 예시로는 다음과 같은 것들이 있습니다.

> '투닝 GPT를 활용하여 정보 탐색하기', '투닝 매직을 활용하여 생성형 이미지 제작하기', '스토리 보드 구상하기', '투닝 에디터를 활용해서 웹툰 디자인하기' 등

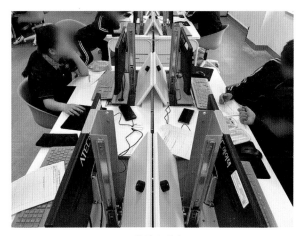

모둠 활동 사진

[안내 자료 제작]

다음으로 안내 자료 제작이 있습니다. 학생들에게 얼마나 가이드라인을 구체적으로 제공하고 예시 자료를 제공하느냐에 따라 결과물에 있어서 차이가 아주 큽니다. 저는 본 수업에서 투닝 보드를 통해 제가 만든 웹툰 예시 작품, 투닝 GPT와 투닝 매직을 활용한 예시, 투닝의 다양한 기능 소개, 평가 기준 등을 제공하였습니다. 아래는 제가 만든 웹툰 예시 작품이며 기타 안내 자료는 하단의 투닝 보드 QR코드를 통해 들어가시면 참고하실 수 있습니다.

예시 작품 표지

투닝 보드 QR코드

예시 작품 QR코드

▎2. '수업을 진행하며': 투닝으로 지구 온난화 웹툰 작가가 된다!

학습 목표 ▎ 목표 1 지구온난화 현상의 원인, 실태, 해결 방안을 설명할 수 있다.

목표 2 지구온난화 현상의 원인, 실태, 해결 방안을 담은 웹툰 작품을 창의적으로 제작할 수 있다.

목표 3 지구온난화 대응을 위한 실천 방안을 수립하고 이를 일상생활 속에서 실천할 수 있다.

활동 소개	투닝 GPT를 통해 지구온난화의 원인, 실태, 해결책을 조사하고, 스토리를 짠 다음 이러한 내용들을 담은 웹툰 작품을 만들고 학생들 간에 공유 및 평가까지 해보는 일련의 활동	
활동 의도	• 디지털 소양 함양 • 생태 감수성 함양	
투닝 AI	• 투닝 GPT를 활용해 스토리 구성하기 • 투닝 매직, 투닝 에디터를 활용해 웹툰 만들기 • 투닝 보드를 통해 작품 공유하고 평가하기	
활용 도구	컴퓨터, 스마트폰	
수업 세부 계획	본 수업 사례는 '지구 온난화'를 중심으로 한 5차시 프로젝트 수업으로 중학교 1학년 주제 선택 시간에 실시하였습니다. 구체적인 차시별 계획은 아래와 같습니다. • 1~2차시) 기능 설명, 스토리보드 구상 • 3~4차시) 웹툰 만들기 • 5차시) 공유 및 평가	

평가 세부 기준	평가 관점	평가 세부 기준
	내용 측면	① 지구 온난화의 원인에 해당하는 세부 주제가 1가지 이상 포함되었는가 (예시. 에너지, 음식, 일회용품, 옷, 전자쓰레기 등)
		② 지구 온난화의 실태, 해결 방안 등과 관련해서 객관적 자료(수치 등)가 포함되었는가, 출처를 표시했는가
		③ 전반적인 스토리라인의 구성이 적절한가
		④ 작품을 창의적으로 구성하였는가
	형식 측면	① 분량을 준수하였는가(최소 8컷 이상 준수)
		② 투닝의 다양한 기능을 활용했는가(투닝 gpt, 투닝 매직 등)
		③ 배경, 말풍선, 캐릭터 등을 적절하게 활용해서 가독성 있게 표현하였는가

'투닝 GPT'를 활용해 지구 온난화 웹툰 소스 생성하기(1~2차시)

[스토리보드 구상하기]

수업의 준비가 모두 끝났다면 본격적으로 수업에서 첫 번째 해야 할 일은 스토리보드를 구상하는 일입니다. 설계도를 그리지 않고 집을 지을 수 없듯이 스토리보드를 구상하는 일은 굉장히 중요한 일입니다. 따라서 학생들에게 스토리보드를 구상하는 데에 충분한 시간을 할애한 후에 제작에 들어가도록 하는 것을 강조하는 것이 중요합니다.

본 수업 <1~2차시>는 스토리보드 활동지를 통해 세부 주제와 줄거리, 캐릭터, 말풍선, 배경을 포함하여 간단한 스토리보드를 구상하도록 하였습니다. 아래는 학생들의 활동 예시입니다. 스토리보드 구상을 위해 제공했던 활동지 양식은 투닝 보드에 첨부해두었습니다.

활동지 예시 (앞면)　　　　　활동지 예시 (뒷면)

투닝 보드 QR코드

스토리보드 구상에서 학생들이 가장 먼저 정해야 할 것은 소재입니다. 지구 온난화의 원인으로 무수히 많은 것들이 있겠지만, 본 수업에서는 그중에서도 아이들의 일상생활에 친숙하면서도 지구 온난화에 안좋은 영향을 미치는 습관들을 소재로 담으려고 했습니다. 세부 주제 예시로는 아래와 같은 것들을 제시했습니다.

에너지(교통, 전력 등), 음식, 일회용품-플라스틱, 옷 구매, 전자쓰레기 등

다음으로 해야 할 일은 줄거리를 짜는 일인데 이때 '투닝 GPT'의 도움을 받도록 지도하였습니다. 내용적으로 크게 두 가지 측면에서 도움을 받도록 하였는데요, 바로 '스토리 작가'를 통한 스토리 생성, '환경 운동가'를 통한 지구 온난화 관련 지식 획득입니다. 예를 들어 아래 예시를 보면 "지구 온난화로 인해 지구가 망하고 어벤져스가 이를 구하는 스토리를 만들어줘."와 같은 프롬프트 입력을 통해 해당 내용을 얻은 것을 확인할 수 있습니다. 이때, 해당 내용을 그대로 활용하는 것보다는 일차적인 아이디어를 얻는 용으로 활용하는 것을 추천드립니다.

투닝 GPT 활용 예시

투닝 GPT 활용 사진

또한 교육용 웹툰인만큼 객관적인 내용을 담을 것을 강조했습니다. 그렇기 때문에 '환경 운동가'에게 지구 온난화 관련 지식을 얻는 것은 필수적인 과정이 될 수 있습니다. 학생이 사용한 프롬프트 예시로는 "일회용품으로 받는 피해를 구체적으로 알려줘."와 같은 것들이 있습니다. 이를 통해 스토리 내용이 보다 풍성해지고 유익해지는 것을 확인할 수 있습니다.

단, 주의할 점은 투닝 GPT가 알려주는 내용을 그대로 맹신하고 활용하는 것은 지양하도록 주지시키는 것입니다. 잘못된 정보가 있을 수도 있으며, 투닝 GPT가 알려주는 스토리를 그대로 차용할 경우 아이들의 창의성 함양에도 도움이 되지 않을 수도 있기 때문입니다. 그렇기 때문에 일차적으로 아이디어를 얻는 용으로 활용하기엔 좋지만, 그대로 활용하는 것은 지양하도록 강조하는 것이 반드시 선행되어야 합니다.

추가적으론 내용의 흥미도가 중요합니다. 그래서 저는 학생들에게 스토리에 '설정'을 넣을 것을 강조했습니다. 시대와 배경에 관한 설정을 추가하는 것은 작품의 완성도를 높이는 데에 도움이 됩니다. 저는 아래와 같은 예시를 제공했습니다.

> 예시) 꿈을 꿨다든지, 타임머신을 타고 미래 모습을 봤다든지, 미래 뉴스를 봤다든지 등의 설정

수빈쌤의 활동 Tip)

1. 선생님께서 프롬프트 예시를 제공해주세요.
   프롬프트를 입력할 때에는 구체적으로 지시사항, 배경, 예시 등을 포함해서 입력하는 것이 좋은 답변을 받는 데 큰 도움이 됩니다.
2. 투닝 GPT가 주는 내용에는 오류도 포함되어있을 수 있기 때문에 무조건적으로 신뢰하지는 말 것을 사전에 반드시 주지시켜주세요!
3. 또한 투닝 GPT를 통해 얻은 정보가 부족하다고 판단될 경우에는 보완 프로그램(뤼튼 등)도 활용할 수 있도록 지도하는 것이 좋습니다.
4. 학생들이 활용한 프롬프트를 캡쳐해서 올리게 함으로써 학생들의 학습 상황을 자주 점검해주세요!
5. 학생들이 올바른 정보를 찾았는지 확인할 수 있도록 출처를 남기도록 해주세요!

'투닝 매직'과 '투닝 에디터'를 활용해 지구 온난화 웹툰 제작하기 (3~4차시)

[지구 온난화 웹툰 제작하기 - 투닝 에디터]

스토리보드 구상이 끝났다면 다음으로 할 일은 지구 온난화 웹툰을 본격적으로 제작하는 것입니다. 본 수업 <3~4차시>에서는 '투닝 매직'과 '투닝 에디터'를 활용해서 웹툰을 제작하는 방법에 대해 자세히 알려주고 학생들이 직접 제작해보는 시간을 가졌습니다. '투닝 에디터'를 활용해서 웹툰을 만들 때에는 학생들에게 다음 사항을 가장 먼저 강조했습니다. 바로 웹툰 제작에 있어서 중요한 3대 요소인 '캐릭터', '말풍선', '배경'입니다. 모든 장면에는 이 요소들이 필수적으로 있어야 합니다. 다음으로 캐릭터와 말풍선이 결정이 되었다면, '표정'이나 '동작'을 편집해야 합니다. 캐릭터를 클릭해서 원하는 표정이나 동작을 수정하는 방법도 있지만 AI 기능('문장으로 툰 생성': 작성한 문장으로 만화 한 컷 만들기, '글로 캐릭터 연출': 만들어진 캐릭터를 대사로 한 번에 연출하기)을 활용하면 훨씬 편리합니다. 특히 '글로 캐릭터 연출'을 강력 추천합니다. 말풍선에 대사를 입력한 후에 AI버튼을 눌러주면 해당 대사에 적합한 표정이나 동작이 완성됩니다.

추가적으로 필수는 아니지만, '효과음'을 활용하면 작품의 완성도를 높이는 데에 도움이 됩니다. '쾅쾅', '웅성웅성' 등과 같은 효과음을 적절히 이용하면 훨씬 생동감이 있는 것을 확인할 수 있습니다. 아래는 학생의 예시 작품입니다.

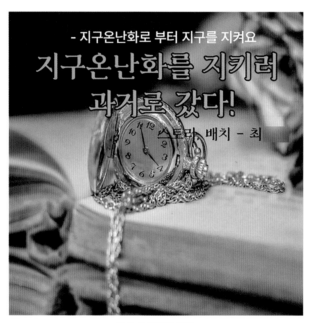

학생 예시 작품 표지

학생 예시 작품 QR코드

[지구 온난화 웹툰 제작하기-투닝 매직]

다음으로 투닝 에디터를 통해 웹툰을 만들다 보면, 원하는 사진(요소)이나 배경이 없는 경우가 종종 있는데, 이럴 때 활용할 수 있는 것이 '투닝 매직'입니다. '투닝 매직'을 통해 원하는 이미지를 직접 생성할 수 있습니다. 예를 들어 아래 학생의 예시를 보면 "하늘이 뿌옇고 주변이 뿌연 왕복 4차선 도로를 그려줘."라고 입력한 결과 아래와 같은 사진이 나온 것을 확인할 수 있습니다. 물론 완벽하게 왕복 4차선 도로가 나온 것은 아니지만, 그래도 하늘과 주변이 뿌연 도로 이미지가 생성된 것을 확인할 수 있습니다.

투닝 매직 활용 예시

투닝 매직 활용 사진

투닝 매직은 저작권에 구애받지 않고 원하는 화풍과 스타일(애니메이션, 사진 등)의 이미지를 무료로 생성할 수 있다는 장점이 있습니다. 그리고 다른 플랫폼을 이용할 경우에는 이미지를 따로 저장을 해서 다시 불러와야 한다는 수고로움이 있을 수 있지만, 투닝 매직을 통해 생성된 이미지를 활용할 경우에는 자동으로 보관함에 저장이 되기 때문에 간편하고 편리하다는 장점이 있습니다.

투닝 에디터 활용 사진 1

투닝 에디터 활용 사진 2

수빈쌤의 활동 Tip)

1. 가이드라인, 예시를 꼭 구체적으로 제공해주세요!
   프롬프트를 입력할 때에는 구체적으로 지시사항, 배경, 예시 등을 포함해서 입력하는 것이 좋은 답변을 받는 데 큰 도움이 됩니다.

2. 투닝 매직으로 원하는 이미지를 생성하지 못할 경우에는 보완 프로그램(빙이미지 크리에이터 등)도 활용할 수 있도록 지도하는 것이 좋습니다.

3. 학생들이 활용한 프롬프트를 캡쳐해서 올리게 함으로써 학생들의 학습 상황을 자주 점검해주세요!

▌3. '수업을 마치며': 투닝으로 생태전환 수업 마무리하기

'투닝 보드'를 활용해 활동 결과물 공유 및 평가하기(5차시)

투닝 에디터를 통해 웹툰 작품을 다 만들었다면, 마지막으로 해야 할 일은 활동 결과물을 공유하고 평가하는 시간입니다. 저는 본 수업 <5차시>에서 '투닝 보드'와 '네이버 폼' 설문조사를 통해 활동에 대한 평가를 진행했습니다. 먼저 '투닝 보드'에서는 아이들에게 다른 친구들의 작품에 '좋아요'와 '댓글 남기기(선플달기)'를 하도록 하였습니다.

이를 통해 학생들은 친구들로부터 긍정적인 반응(좋아요와 댓글(선플))을 받음으로써 학생들이 본인 작품에 대해 보다 성취감과 자신감을 가질 수 있습니다. 그리고 '네이버 폼 설문조사'를 통해 자기평가를 포함하여 느낀점 등을 작성해서 제출하도록 하였습니다. 네이버 폼 설문조사를 별도로 진행한 이유는 학생들이 보다 솔직하게 자기 평가를 함으로써 자신의 수행을 되돌아볼 수 있는 시간을 가지도록 하기 위함입니다.

투닝 보드를 활용하면 보다 편리하게 결과물을 공유할 수 있다는 장점이 있습니다. 또한 용량에 구애받지 않고 무료로 서비스를 이용할 수 있다는 것도 큰 장점이라고 생각합니다. 아래는 제가 본 수업에서 활용했던 평가 문항을 공유드립니다. 설문 문항을 만들 때도 예시 응답에 대한 가이드 라인을 제공하는 것이 추후 아이들에게 자세하고 솔직한 응답을 받는 데에 좋습니다.

발표 사진

설문 문항

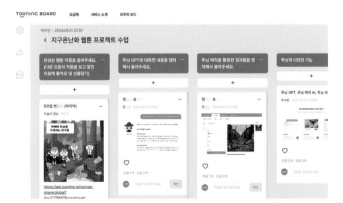

투닝 보드

보드 QR

생활 기록부 세부 능력 및 특기사항 기재 예시

우수	지구 온난화 문제에 대한 심각성을 인식하고, '투닝 매직'과 '투닝 GPT' 등을 적절하게 활용하여 지구 온난화의 원인, 실태, 해결책에 해당하는 적합한 정보들을 조사하였으며, 이를 웹툰 작품으로 창의적으로 표현하여 동료들에게도 우수한 평가를 받았음. 더 나아가 일상생활에서 기후 위기 시대에 대응하기 위한 실천 방법을 고민하는 시간을 가짐. 이러한 모든 전반적인 과정을 모둠원들과 협력하여 진행하였음.
보통	지구 온난화 문제에 대한 심각성을 인식하고, '투닝 매직'과 '투닝 GPT' 등을 활용하여 지구 온난화의 원인, 실태, 해결책에 해당하는 정보들을 조사하였으며, 이를 웹툰 작품으로 표현하였음. 더 나아가 일상생활에서 기후 위기 시대에 대응하기 위한 실천 방법을 고민하는 시간을 가짐. 이러한 모든 전반적인 과정을 모둠원들과 협력하여 진행하고자 노력하였음.
미흡	지구 온난화 문제에 대한 심각성을 인식하고, 지구 온난화의 원인, 실태, 해결책에 해당하는 정보들을 조사하고, 이를 웹툰 작품으로 표현하고자 노력하였음.

수업 성찰(느낀 점)

네이버 폼 설문 결과로 학생들이 활동을 통해 느낀 점을 크게 2가지로 정리해보면 대체로 다음과 같은 의견이었습니다.

> *"재미있고 좋은 경험이다."*
> *"지구 온난화에 대해 더 자세히 알게 되고 더 관심을 가지게 된 계기가 된 것 같다."*

이를 통해 학생들이 단순히 에듀테크 도구에만 흥미를 느낀 것이 아니라 에듀테크 도구를 활용함으로써 학생들이 정보를 직접 찾아보고 하는 과정에서 지식을 자연스럽게 체득하고 궁극적으로는 내용에 보다 깊이 있게 관심을 가지고 이해하게 된다는 것을 다시금 깨닫게 되었습니다.

친구들과 즐거운 시간이었다

재미있었고 너무 어려웠어요(저로서는)

웹툰을 만들어본건 처음이라서 좀 어렵기도 했지만 재미있었고 지구온난화에 대해 제대로 알 수 있어서 좋았다

투닝을 이용하여 웹툰을 처음 만들어 봐서 신기하고 재미있었다.

환경을 웹툰으로 재밌게 표현한것 같다

지구온나화에 대한 몰랐던것을 잘알게되었다.

이러한 활동을 통해 지구에 대해 더알게되어 좋았다

환경에 대해서 잘 알게되었고 신기한 디자인도 하게되어 재있었다

웹툰을 처음 만들어봐서 재밌었고 환경오염 주제라 관련된 언어를 알개된것같다

지구를 지키는 방법이 꽤나 많지만 사람들이 그 방법을 어기고 잇는것 같다 😥 😱 😱

투닝이라는 사이트로 웹툰을 만들 수 있었는지 몰랐다. 새롭고 웹툰을 만드는데 재미있었다.

설문 결과 1

만들면서 AI한테 물어보고 사진을 찾아서 넣고 하는 행동이 재밌었다

이런 기회로 투닝이라는 기능을 잘 알게 된거 같고,주제가 지구온난화인 만큼, 지금 문제들을 다시 깊게 알아보는 기회가 된 것 같다.

웹툰 스토리 짜는 것이 쉬울 줄 알았는데 아니였고 캐릭터 배치나 대사 구성하는 것도 잘하지 못해서 좀 아쉬웠다. 나중에 웹툰 만들기 수업이 있으면 기억이 잘 날 것 같다!

웹툰을 만드는게 어려웠는데 그래도 재미있었다

재밋다

아 뭐로 지구의환경의 대해 관심을 더 가져야 겠다

지구온난화에 관련된 주제를 토대로 웹툰을 만들어보니 지구온난화에 대하여 조금더 관심을 갖고 재미있게 접근할수 있어 흥미가 있었다.이런 방법등으로 지구온난화의 심각성도 쉽게 알게된것같고, 직접 찾아보게되어 관련 지식을 알게된것같다. 주제에 대하여 호기심을 가지고 찾아볼수 있어 심각성을 깨닳고 해결방안도 생각해 보고싶어졌다!

재미가 있었고 웹툰을 만들수있는 기회가 되어서 기쁘다.

쓰레기를줄이자

많이 힘들었지만 처음으로 웹툰도 만들어보고 투닝이라는 앱을 사용해서 재밌었다

설문 결과 2

사실 이번 수업의 대상이 중학교 1학년 학생들인만큼 아이들이 잘 따라올 수 있을지, 좋은 결과물이 나올지 등등 걱정이 많기도 했습니다. 하지만 그러한 걱정이 무색할만큼 저보다 응용을 잘하고 좋은 작품을 만드는 아이들을 보면서 역시 '디지털 네이티브(Digital Native)' 세대는 다르구나! 라는 생각을 하게 된 것 같습니다. 디지털 기기에 능숙하고 평소 아이들이 좋아하는 장르이다보니 아이들이 처음부터 많은 흥미를 가지고 참여를 해주고 활동을 잘 수행했다고 생각합니다. 그리고 무엇보다 저 또한 학생들에게 예시를 보여주기 위해 예시 작품을 만드는 과정에서 큰 흥미를 느꼈고 수업의 결과물들을 보는 과정이 그 어느 때보다 재미있었습니다.

학생들이 좋아하는 웹툰을 수업에 적용할 수 있다는 것 자체가 이 시대의 교사로서 가질 수 있는 기회이고 영광인 것 같습니다. 투닝이 다양한 교과에 적용할 수 있는 범교과적인 플랫폼인만큼 앞으로도 다양한 수업에서도 투닝을 적용하고 싶습니다. 감사합니다.

박수빈 (빛나는 빈쌤) *"에듀테크 수업을 통해 우리 아이들이 미래 사회가 요구하는 역량을 갖추길 바라요."*

약력 에듀테크 교사 연구회 성과공유팀장   **SNS**   Insta : @star_binssam
서울시교육청 AI·에듀테크 선도교사
교육부 교실혁명 선도교사

지구를 구하는 사소한 선택

에듀테크 교사 연구회 성과공유팀 / 고등학교 역사 교사 김하연

김하연
"아이들에게 위로와 응원이 되는 선생님이 되고 싶어요."

약력
에듀테크 교사 연구회 성과공유팀
기후위기비상행동실천단

SNS
Insta : @hayomdung2

안녕하세요 선생님?

저는 2023년 2월에 임용되어 이제 2년 차가 된 신규 역사 교사입니다. 올해는 처음으로 고2 담임을 맡았어요. 오랜 시간 바라온 교사 생활인 만큼 아이들과 함께 하는 모든 시간이 설레이고, 출근 준비로 바쁜 아침마저 꿈만 같지만, 이렇게 마음만 앞서다보니 늘 엄청난 팔랑귀에 실수투성이라서 반 아이들과 동료 선생님들께 늘 미안하고 감사한 마음입니다.

침대에만 누우면 학교에서 그간 있었던 일들이 비디오처럼 재생되면서 '아 7반에서 그렇게 오버하지 말걸...' '아 그런 뜻으로 한 말이 아니었는데 아이가 기분 상했으면 어떡하지?'하는 후회와 걱정으로 이불을 걷어차고, 복도에서 학생의 인사를 반갑게 받아주지 못한 날이면 또 한참을 미안해하는 소심 그 자체, 파워 INFP 선생님입니다.

이렇게 저의 하루하루가 아직 서투름과 아슬아슬함의 연속이라서 그런 걸까요? 무교인 제가 어느 날부터인가 '오늘은 우리 아이들이 조금은 덜 슬프고 조금은 덜 조바심 내게 해주세요.'라는 기도를 출근길에 하고 있었습니다. 아무리 공부해도 오르지 않는 수학 성적으로 인해서, 친구가 학교에 안 오면 오늘 급식을 혼자 먹어야 할지도 모른다는 걱정 때문에, 항상 마음 한 켠이 위태롭고 무기력한 울보들, 그렇지만 사랑할 수 밖에 없는 귀여운 저의 첫 제자들이 복도에서 잠깐 저와 인사를 나누고 시덥잖은 장난을 주고받는 순간만큼은 환하게 웃음을 지을 수 있기를 간절히 바라게 됩니다. 이제는 멋지고 카리스마 있는 선생님을 따라 하려다 가랑이가 찢어지는 대신 저만의 포지션을 확실히 정하려고요. 제가 설정한 저의 포지션은 아이들과 가장 가까운 곳에서 함께 눈물 흘리며 위로하고 서로 응원하면서 결국엔 성장하고야 마는 귀여운 '뱁새' 선생님입니다.

다른 선생님들에 비해 에듀테크를 화려하게 활용하지도 못하고, 부족한 교직 경험 탓에 지도 방식도 많이 서툴고 유치합니다. 하지만 서로에게 위로가 되어주고 서로를 진심을 다해 응원하면서 성장하고 있는 저희 2학년 9반의 이야기를 통해 이 글을 읽는 모든 분들이 잠깐의 여유와 행복을 찾으실 수 있길 비랍니다.

▌1. 사소한 선택들이 만들어내는 기적 같은 순간

올해 처음으로 담임을 맡다 보니 자칭 '귀여운 뱁새 선생님'으로서 자꾸 마음이 앞서더라고요. 다른 반 담임선생님들처럼 나도 우리 반 아이들에게 많은 도움을 주는 멋있는 선생님이 되고싶다는 생각에 감당 못할 일들을 벌이다 보니 학기 초부터 체력적인 한계에 시달렸습니다. 그러던 어느 날, 밤 늦게 퇴근하면서 거울에 비친 웃음기 하나 없는 제 표정을 본 순간 '우선 내 체력이 뒷받침되어야 아이들에게 위로와 응원이 되어주는 선생님이 될 수 있다'라는 생각이 문득 들었습니다. 제 몸 하나 건사하지 못하면서 28명 아이들이 메고 있는 짐들을 함께 나누어 들겠다는 건 말도 안 되는 소리더라고요.

그날 부로 동네 헬스장을 등록하고 몸에 좋은 것들 좀 챙겨먹겠다고 난생 처음 식품에 붙어있는 영양성분표를 꼼꼼히 보기 시작했습니다. 그런데 몸짱이 되는 것이 쉬운 일이 아니더만요. 평소처럼 마트를 가서 과자를 집어들었다가도 '이 과자를 먹으면 스쿼트 한 세트는 더 해야할텐데'하고 포기하고, '안 그래도 없는 근육, 근손실 오면 어떡하지'하는 걱정으로 꾸역꾸역 헬스장에 나가는 날들의 연속입니다. 제가 팔 운동을 열심히 했는지 확인해야한다고 절 쫓아다니는 아이와의 팔씨름에서 오늘도 장렬히 패배했지만요.

영혼까지 탈탈 털린 채로 런닝머신을 타던 어느 날 문득 든 생각인데요. 몸짱 연예인 김종국이 건강을 위해 먹는 것 하나도 신중하게 선택하는 것처럼, 우리도 지구를 위해서 먹는 것 하나부터, 또는 사소한 행동 하나부터 신중하게 선택한다면 어떨까요? 편의점에서 음료수 하나를 집어들더라도 라벨에 써진 분리배출 표시를 한 번 더 확인하는 것에서부터 야식이 당기는 날 가끔씩은 플라스틱 배달 용기를 줄이기 위해서 과감히 배달 주문을 포기하는 것에서부터, 코에 플라스틱이 끼인 채 목에 그물이 걸린 채 고통스러워하는 바다거북과 물개를 걱정하는 것에서부터 우리들의 지구 구하기는 시작된다! 우리의 사소한 선택들이 모여서 위기에 빠진 지구를 구해내는 기적을 만들어낼 수 있을 것이다! 라구요.

오랜 기간 임용고시를 준비하면서 수차례 고배를 마셨습니다. 시험 결과가 발표되는 2월은 늘 추웠고 '합격자 명단에 이름이 없습니다'라는 말이 꼭 '나'라는 존재가 불합격이라는 말처럼 느껴졌습니다. 그래서 한동안 무력함에 빠지기도 했구요. 그러던 어느 여름, 전남 지방에 발생한 폭우 뉴스에서 쏟아지는 비를 피해 슬레이트 지붕 위로 올라가게 된 소의 가여운 모습을 보고 우연히 기후 위기 문제에 관심을 갖게 되었습니다.

그 날 이후로 '지구에 무해한 사람'이 되고자 다양한 방법들을 고민하게 되었습니다. 우리 동네 앞산을 오르면서 쓰레기를 줍기도 하고, 하수구를 틀어막은 담배꽁초를 줍기도 했습니다. 배달 용기 사용을 줄이고자 커다란 락앤락 통을 들고 콩물 국수 집까지 가서 콩물 국수를 포장해오기도 했습니다. 그래서 이 요란하고 수고로운 행동들로 지구를 구하는 데 성공했냐구요? 아쉽게도 지구는 아직 구하는 중입니다. 그렇지만 지구 대신에 저 자신을 구할 수 있었습니다. '오늘도 지구를 위한 선택을 한 나, 나름대로 괜찮은 사람일지도..?'라는 생각이 들었거든요. 지구를 위한다고 생각했던 행동들이 저의 무기력함을 극복하는 원동력이 되어주었습니다.

저는 우리 반 아이들에게 저의 경험을 그대로 전해주고 싶었습니다. 편의점에서 유색 페트병에 담긴 음료수를 고민 끝에 내려놓고 무라벨 페트병에 담긴 음료수 또는 종이팩에 담긴 음료수를 선택함으로써, 가판대에 놓인 예쁜 티셔츠를 집어 들었다가 집에 있는 비슷한 디자인의 티셔츠를 생각하고 어렵게 다시 내려놓는 선택을 함으로써, '나 오늘은 지구를 위한 선택을 했다.'라는 뿌듯함을 느끼게 해주고 싶었습니다. 그리고 다 먹은 우유 팩을 굳이 헹구고 펼쳐서 동사무소에서 휴지나 종량제 봉투로 교환하는 번거로운 과정을 궁상맞고 창피하다고 생각하기보다는 오늘도 기후 위기로부터 지구를 지키는 데 기여했다는 점에서 본인 스스로를 자랑스러워할 수 있기를 바랐습니다. 그래서 "오늘 나의 선택은 지구를 구했다. 지구를 위해서라도 나는 반드시 꼭 필요한 사람이다."라는 위로와 응원을 스스로에게 전할 수 있기를 바랐습니다.

저는 아침 조회 시간 및 공강 시간을 틈타 저희 반 28명의 아이들과 지구를 구하는 사소한 선택을 주제로 이야기를 나누었고, 오늘 지구를 구한 나의 선택들을 함께 기록해 나가기로 약속했습니다. 투닝 보드를 통해 지구를 구한 선택들을 공유했고 이를 바탕으로 저희와 함께 지구를 구하고 싶은 친구들, 선생님과 공유하고자 투닝 에디터로 <특명! 지9를 9하라> 웹툰을 제작하게 되었습니다. 그럼 지금부터 저희 2학년 9반이 투닝으로 구현해낸 '지구를 구하는 29가지 선택'을 소개합니다.

투닝 보드를 활용해 지구를 구하는 선택 공유하기

저희는 투닝 보드에 '사소한 선택이 지구를 지킨다'라는 주제로 오늘 내가 지구를 위해 한 행동을 인증샷을 찍어 공유하기로 했습니다. 이를 위해서는 28명의 학생들이 모두 투닝 보드의 기본적인 사용법을 익혀야 했습니다. 그래서 총 8명의 '투닝 이끔이'를 미리 선발하여 방과후에 활동 전반에 대하여 안내하였고, 반 친구들에게 투닝 사용법을 알려줄 수 있도록 지도하였습니다. '투닝 이끔이'의 도움으로 28명의 학생 모두 사용법을 쉽게 익힐 수 있었습니다. 투닝 보드의 '공유 설정'에 있는 링크공유를 반 단톡방에 공유하고, QR코드는 인쇄해 교실 곳곳에 붙였습니다. 아이들은 텀블러를 이용하거나 페트병을 분리배출 할 때마다 QR코드를 찍어 보드에 인증샷을 공유했습니다.

인증샷을 올리는 활동이 활발하게 진행되던 중, 나름 중대한 문제가 발생했습니다. 지구를 구하는 방법 '29가지'를 공유하자는 것이 우리의 목표였는데, 15가지가 넘어가면서 아이들의 아이디어가 고갈된 것이었습니다. 이 때 '투닝 이끔이'들의 아이디어로 투닝 GPT를 이용한 '환경운동가에게 물어봐' 시간을 가지게 되었습니다.

> 등하교길에 손쉽게 할 수 있는 기후 행동을 5가지 추천해주세요.

환경운동가

안녕! 기후 환경을 보호하는 건 중요하고 쉽게 할 수 있는 일들이 많아! 등하교길에 할 수 있는 기후 행동을 5가지 추천해줄게.

- 대중교통 이용하기: 버스나 지하철을 이용해서 차량을 줄이고 대기 오염을 감소시킬 수 있어. 또한 대중교통을 이용하면 연료 소비도 줄일 수 있어.

- 자전거 타기: 자전거를 타면서 운동도 하고 환경도 보호할 수 있어. 자전거를 이용하면 온실가스 배출을 줄일 수 있어.

아이들은 투닝 GPT 캐릭터인 환경운동가에게 학교 외에 등하교길이나 가정에서 일상적으로 실천할 수 있는 다양한 기후 행동을 물었습니다. 주말에 가족들과 함께 실천할 수 있는 활동들을 추가하면서 '지구를 구하기 위한 보다 나은 선택' 투닝 보드 활동들이 조금 더 풍성해질 수 있었습니다.

투닝 GPT를 활용해 진로와 환경 교육 연계하기

"쌤, 5년 뒤에 지구 망한대요. 저 오늘부터 공부 안 하고 놀래요." 청소 시간에 청소는 안 하고 장난만 치는 아이와의 세상 유치한 대화에서부터 이 활동은 시작되었습니다. "그러다 5년 뒤에 지구 안 망하면 어쩔래?"로 시작된 N들의 대화에 청소하는 시늉만 하고 있던 아이들이 하나 둘 모여들었습니다. 그러다 '5년 뒤엔 내가 원하는 직업들이 다 사라지는 거 아냐?' 라는 나름 진지한 이야기들도 오가게 되었습니다.

"그럼 기후위기 때문에 진짜 지금 존재하는 직업들이 사라질 수도 있는지 환경운동가에게 물어보자!"하고 투닝 GPT의 환경운동가를 떠올리는 아이들을 보고 투닝 GPT를 좀 더 적극적으로 활용해보아야겠다는 생각에서 진로 활동을 계획하게 되었습니다.

투닝 GPT는 역사적 인물 외에도 수의사, 연구원 등 아이들이 꿈꾸는 직업군의 캐릭터를 다양하게 제공하고 있습니다. 그리고 베타버전에서는 '내 캐릭터 만들기'라는 기능을 통해 나와 성격이 비슷한 캐릭터를 만들고 직업까지 설정하여 대화를 나눌 수 있습니다. 저는 아이들에게 미래에 내가 희망하는 진로와 직업이 기후 위기로 인해 어떤 어려움을 겪게 되는지, 기후 위기를 해결하기 위해 지금으로 돌아갈 수 있다면 어떤 것들을 하고 싶은지를 '10년 뒤의 나'에게 묻고 그 내용을 보드에 공유하도록 하였습니다. '10년 뒤의 나'는 놀라울 만큼 기후 위기로 인해 발생할 수 있는 직업적인 면에서의 어려움을 날카롭게 지적했고 앞으로의 방향까지 제시해 주었습니다. 아주 간단한 활동이었지만 아이들은 본인이 지망하는 직업 또한 기후 위기 문제와 긴밀한 연관이 있음을 깨닫고 탄소 중립을 위한 적극적인 노력이 필요함을 느끼는 소중한 기회가 되었습니다.

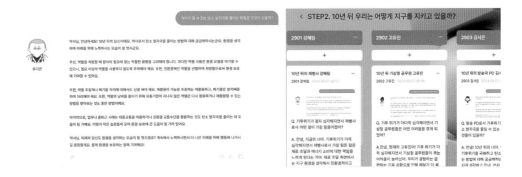

투닝 에디터를 활용해 〈지9를 9하라〉 웹툰 제작하기

저희 반에는 미술 입시를 준비하는 친구들이 5명이나 있습니다. 평소에는 아주 조용하고 수업 시간에 두각을 드러내지는 않지만 본인의 관심 분야에 있어서는 꽤 진지하고 열성적인 모습을 보이는 예쁜 아이들입니다. 이 아이들을 '투닝 웹툰 제작 지원팀'으로 임명해 함께 투닝 에디터를 이용하는 방법을 익히는 시간을 가졌습니다.

저와 투닝 웹툰 제작 지원팀이 함께 머리를 맞댄 채로 투닝 에디터의 사용법을 익힌 뒤, 반 친구들이 함께 투닝 에디터를 이용해 자신이 올린 포스트의 내용을 웹툰에 옮겼습니다. 미리 투닝 에디터 사용법을 익힌 웹툰 제작 지원팀이 친구들 바로 옆에 붙어서 코칭해 준 덕분에 빠른 속도로 웹툰 제작이 가능했습니다.

투닝 에디터가 매우 직관적이고 다루기가 수월해서 투닝으로 캐릭터를 넣거나 배경등을 수정하는 것은 수월했으나 아이들이 가장 어려워했던 머리 속으로 그려지는 대략적인 이미지를 어떻게 그림으로 구현할지였습니다. 어떤 그림을 그릴지 막연할 때에는 투닝 매직을 적극 활용하도록 했습니다. 자신이 머릿속으로 막연하게 생각한 것을 글로 입력하면 투닝 매직이 정확한 이미지를 형성해주기 때문입니다.

투닝 웹툰 제작 지원팀은 아이들이 제작한 29개의 스케치를 모아서 통일된 그림체로 바꾸는 중요한 마무리 작업을 작업을 맡았습니다. 평소 지원이가 자주 하는 똥머리를 캐릭터에 반영하기도 했습니다. 매번 늦잠을 자 항상 택시를 타고 오는 채이가 일찍 일어나 대중교통을 이용해서 학교에 온 인증샷은 대서특필 감이라면서 가장 공을 들여서 제작을 하기도 했습니다. 웹툰 제작 작업이 진행됨에 따라서 우리 2학년 9반 한 명 한 명이 가진 특색들이 담기기 시작했습니다.

수업 Tip 〉

수업의 꿀팁 : 투닝 에디터를 효과적으로 공동 사용하는 방법

1) 투닝 에디터에는 링크 공유 기능이 있습니다. 기본적인 스케치를 완료한 친구들이 투닝 웹툰 제작 지원팀 친구들의 링크로 자신의 스케치를 보내면 투닝 웹툰 제작 지원팀 친구들이 손쉽게 편집할 수 있습니다. 이때 꼭 '복제 가능'으로 설정하셔야 편집이 가능해집니다.

2) 투닝 에디터에서 만든 작품을 바로 투닝 보드에 공유할 수 있는 기능도 추천합니다. '최근 보드에 공유하기'나 '공유 링크/코드 입력'을 통해서 완성된 작품을 바로 보드에 공유할 수 있어 편리했습니다.

생활 기록부 세부 능력 및 특기사항 기재 예시

우수	'지구를 구하는 보다 나은 선택'을 주제로 일상 속에서 지구를 구하는 다양한 방법을 고민하고 이를 실천에 옮김. 그 과정에서 기후 위기에 대한 올바른 문제 인식을 바탕으로 기후 위기 감수성을 함양함. 또한 생성형 AI를 활용하여 '10년 뒤의 미래에서 온 나'와 대화함으로써 자신의 진로 설계 방향 및 미래 전망을 탐색하고 자신의 직업이 기후 위기 문제와 동떨어져 있지 않다는 인식 하에 탄소 중립 및 기후 위기 해결을 위해 모든 사람들이 적극적으로 나서야할 필요성을 인지함. 또한 투닝 웹툰 제작 지원팀으로서 기후 행동 웹툰 <지9를 9하라>를 반 친구들과 협력하여 제작하는 데 앞장서는 모습에서 뛰어난 공동체 역량이 관찰되었음.
보통	'지구를 구하는 보다 나은 선택'을 주제로 일상 속에서 지구를 구하는 다양한 방법을 고민하고 이를 실천에 옮김. 또한 생성형 AI를 활용하여 '10년 뒤의 미래에서 온 나'와 대화함으로써 자신의 진로 설계 방향 및 미래 전망을 탐색하고 자신의 직업이 기후 위기 문제와 동떨어져 있지 않다는 것을 알게 됨. 또한 기후 행동 웹툰 <지9를 9하라>를 반 친구들과 협력하여 제작함으로써 공동체 역량을 함양함.
미흡	'지구를 구하는 보다 나은 선택'을 주제로 일상 속에서 지구를 구하는 다양한 방법을 고민하고 이를 실천에 옮김. 이를 토대로 기후 행동 웹툰 <지9를 9하라>를 반 친구들과 협력하여 제작함으로써 공동체 역량을 함양함.

▌투닝을 통해 기적을 만들어내다

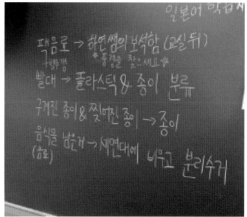

기적이라는 말이 사실 조금 거창해보이기는 하지만, 투닝을 활용한 '지구를 위한 보다 나은 선택' 활동 이후로 저희 반에게는 기적이라고 부를 법한 변화들이 나타났습니다. 부끄럽지만 지난 4월달에 저희 반이 일반 쓰레기를 버리는 쓰레기통에 비닐이며 종이팩이며 분리 배출을 하지 않고 몽땅 때려 넣는 바람에 학교 쓰레기장에서 이건 도저히 버릴 수 없으니 도로 쓰레기를 가져가라는 방송으로 공개 처형을 당한 반이었거든요. 그런데 이제 우리 아이들이 제가 굳이 나서지 않아도 제품에 있는 재활용 마크를 확인해서 분리 배출을 하고, 자신이 버린 페트병이 아니더라도 라벨이 분리되어 있지 않으면 주워서 분리 배출합니다. 교무실로 와서 '선생님 이면지 남는 거 없어요?'하고 물어보는 친구들이 생겼고, 다른 반 친구들이 이동 수업에 불을 끄고 가지 않으면 대신 꺼주는 모습들이 나타났습니다. 이제는 다른 반 친구들도 복도에서 "야 9반아, 플라스틱 빨대는 일쓰(일반쓰레기)야?"하고 질문하기도 하고 깨끗이 씻은 테트라팩을 저희 반 테트라팩 수거함에 넣고 가기도 합니다.

쓰레기 분리 배출 우수반이 되면서 교실의 분위기도 전보다 밝아졌습니다. 아이들이 우리 반 교실에 애정을 갖게 되면서 교실을 깨끗이 정리하기 시작했고, 교실 창가에 강낭콩과 토마토 화분을 두면서 교실이 푸릇푸릇해졌습니다. 함께 웹툰을 만드는 과정에서 서로를 더 알게 되고 친해지다보니 아이들에게 학교가 '올해 들어 좀 더 재밌어진 공간'이 되었고 자연스레 출결도 좋아졌습니다. 고시생이었던 제가 지구를 구하겠다고 나섰다가 제 자신을 구할 수 있었던 것처럼, 이번에도 지구는 우리 2학년 9반을 구하고 있습니다.

저희 반의 이런 작은 변화, 작은 기적이 점점 퍼진다면 우공이산이라는 말처럼 "우리가 지구를 구하고 말겠다"라는 저희 9반의 사소한 움직임이 아주 커다란 기적을 만들어낼 수 있지 않을까요?

김하연 *"아이들에게 위로와 응원이 되는 선생님이 되고 싶어요."*

약력 에듀테크 교사 연구회 성과공유팀   **SNS**   Insta : @hayomdung2
기후위기비상행동실천단